ライブラリ　心の世界を学ぶ−6

はじめてふれる
人間関係の心理学

榎本博明＝著

サイエンス社

はじめに

　いつの時代でも「人間関係」は多くの人々の関心の的です。それは，人間関係は心の活力源になると同時に，ストレス源にもなるからです。
　慣れ親しんだ相手と一緒にいると，気をつかうこともなく楽しい時間を過ごせますが，初対面の人や知り合って間もない人と一緒のときは，いろいろと気をつかって疲れるものです。嫌なことがあって心が傷つき落ち込んだとき，親身になって話を聞いてくれる人がいると，とても気持ちが楽になります。一方で，どうにも気の合わない相手，つきあいづらい相手というのもいるもので，そうした相手と無難につきあっていかなければならないことが大きなストレスになります。何でも言い合える友だちがほしいと思っていても，傷つけてはいけない，変な人だと思われたら困る，つまらないヤツだと思われないだろうかなどと気にするあまり，なかなかホンネを出しにくくなってしまいます。好きな異性ができると寝ても覚めてもその人のことが頭から離れなくなり，会えば嬉しいはずなのに，こっちのことをどう思っているのだろう，嫌われたくないなどと思うため，ぎこちなくなったりします。
　このように人間関係というのは，私たちの日々の生活にいろいろな味つけをしてくれるものであり，人生において重要な役割を担っているため，だれもが実り豊かな人間関係を求めつつも，人間関係に頭を悩ませるのです。だからこそ多くの人が人間関係の法則を知りたいと思うわけです。
　本書では，人間関係に影響する心理法則に関する知見をわかりやすく解き明かしています。ただし，『はじめてふれる人間関係の心理学』というタイトルにふさわしく，心理学をはじめて学ぶ人が読者になることを想定し，できるだけ身近な話題を盛り込みながら，平易に解説しています。心理学というと難しいのではないかと思うかもしれませんが，人間関係の心理学は日常生活と密接に結びついた学問なので，とても身近に感じるはずです。また，テキストには細かなデータを並べたり，さまざまな知見をバラバラに示したりするものが多く，はじめて学ぶ人は躓きがちです。本書では，そのようなことがないように，

個々の実験や調査の結果を示す際も，それが私たちの日常生活にどのように関係しているのかがわかるように，ストーリー性をもたせた記述を心がけました。

人間関係にまつわる話題のうち，だれもが気になるのが，人からもたれる印象はどのようにつくられるのか，初対面のとき第一印象を良くするにはどうしたらよいのかということでしょう。いわば印象形成の問題です。

また，私たちの日常生活に大きな意味をもつのは友人関係です。異性に恋愛感情を抱くこともあるでしょう。友人関係にしろ恋愛関係にしろ，どうしたらより親密になれるのかは重大な関心事のはずです。そこでは，言語的コミュニケーションや非言語的コミュニケーションが重要な役割を担います。

家族関係も私たちの自己形成に大きな影響を及ぼします。自分の家族関係の特徴を踏まえておくことは，自己理解にとっても重要となります。

性格や自己概念が人間関係にどのように影響しているかを知ることも，人づきあいをうまくやっていくのに役立ちます。また，共感や攻撃行動の心理メカニズムを知っておくことは，人間関係のトラブルを避けるためにも大切です。

文化に共通の人間関係の心理法則だけでは，私たちを取り巻く人間関係を十分に理解することはできません。そこには文化固有の心理法則があります。たとえば，甘えや察し合いなど，とくに日本的な人間関係の心理メカニズムを踏まえていれば，日頃の人間関係に対する理解が深まります。

どうしたら自分の発言に説得力をもたせられるか，どのようにリーダーシップを発揮したらよいのかに頭を悩ますこともあるでしょう。集団心理が気になることがあるかもしれません。

そうした人間関係の心理法則を学ぶことで，人間関係の悩みも解消し，日常の生きづらさも和らぎ，人づきあいに積極的になれるのではないでしょうか。本書がその一助になれば幸いです。

最後に，本書をまとめるに当たってお世話になったサイエンス社編集部の清水匡太氏に心から感謝の意を表します。

2018年1月

榎 本 博 明

目　次

はじめに…………………………………………………………… i

第1章　印象形成と対人認知　1
1.1　印象形成のメカニズム ………………………………… 2
1.2　対人認知の枠組み ……………………………………… 8
1.3　化粧や服装の効果 ………………………………………14

第2章　対 人 魅 力　19
2.1　対人魅力の諸要因 ………………………………………20
2.2　魅力感受の認知メカニズム ……………………………28

第3章　言語的コミュニケーションと
　　　　非言語的コミュニケーション　37
3.1　対人コミュニケーションのチャンネル ………………38
3.2　言語的コミュニケーション ……………………………38
3.3　非言語的コミュニケーション …………………………48

第4章　向社会的行動と攻撃行動　57
4.1　向社会的行動 ……………………………………………58
4.2　攻 撃 行 動 ………………………………………………62

第5章　性格と人間関係　75
5.1　人間関係に対する不安や恐怖 …………………………76
5.2　人間関係と性格の関連 …………………………………82
5.3　性格と人間関係の病理――とくに自己愛過剰について ……88

第6章　自己概念と人間関係　95

6.1　人間関係の中でつくられる自己概念 …………………96
6.2　自己不一致理論 …………………………………… 104
6.3　自己評価維持モデル ……………………………… 106
6.4　自己認知の歪み …………………………………… 106

第7章　日本的自己と人間関係　111

7.1　日本文化における自己と他者 …………………… 112
7.2　他者の視線への過敏さ …………………………… 116
7.3　日本的自己と他者の気持ちへの配慮 …………… 116

第8章　友人関係・恋愛関係　129

8.1　認知的バランス理論からみた人間関係 ………… 130
8.2　友人選択の要因 …………………………………… 132
8.3　友人関係における葛藤 …………………………… 134
8.4　恋愛感情の発生 …………………………………… 136
8.5　恋愛のタイプ ……………………………………… 140
8.6　恋愛行動の進展 …………………………………… 140
8.7　嫉　妬 ……………………………………………… 142

第9章　家族関係　145

9.1　親子関係と子どもの性格 ………………………… 146
9.2　家族の機能 ………………………………………… 148
9.3　子育てストレス …………………………………… 154
9.4　家族システム論からみた家族の人間関係 ……… 156

第10章　態度変容と説得的コミュニケーション　169

- 10.1　態度と態度変容 …………………………………… 170
- 10.2　説得的コミュニケーションの技法 ……………… 178

第11章　リーダーシップ　189

- 11.1　リーダーシップのタイプと機能 ………………… 190
- 11.2　PM理論 …………………………………………… 190
- 11.3　集団成熟度とリーダーシップ …………………… 192
- 11.4　変革型リーダーシップ …………………………… 194
- 11.5　公平性 ……………………………………………… 196
- 11.6　期待することの効果 ……………………………… 198
- 11.7　社会的勢力 ………………………………………… 200

第12章　集団心理と同調行動　203

- 12.1　社会的促進・社会的手抜き ……………………… 204
- 12.2　集団凝集性 ………………………………………… 208
- 12.3　同調行動 …………………………………………… 210
- 12.4　集団の意思決定 …………………………………… 214

引用文献 ……………………………………………………… 219
人名索引 ……………………………………………………… 235
事項索引 ……………………………………………………… 239

印象形成と対人認知

1.1 印象形成のメカニズム

性格・能力などの個人の中の比較的安定した性質や，感情・意図・欲求といったその時々の心理状態など，他者のもつ特性や心理状態を推測することを**対人認知**といいます。

対人認知に関する典型的な研究として，印象形成の研究があります。これは，他者についての印象がどのようにつくられるのかを明らかにしようというものです。

1.1.1 初頭効果と中心特性

人からもたれた印象が納得いかないものであっても，それを拭い去るのは難しいものです。そのことを日常生活の中で感じる人も少なくないはずですが，じつははじめにつくられた印象が根強い影響力をもつことが実験でも証明されています。それを**初頭効果**といいます。初頭効果とは，はじめに与えられた情報が，その後に続く情報よりも有効に作用することを指します。これは，言い換えれば，第一印象の根強さを表すものです。

初頭効果は，アッシュ（1946）の有名な実験によって，はじめて明らかにされました。それは，ある見知らぬ人物について，その人物の性格を表す形容詞を順々に提示するという方法を用いて紹介し，その人物に対してどのような印象がもたれるかを調べるものです。その際，A系列とB系列の2通りの紹介の仕方を用意し（表1-1），それによってつくられる印象が違うかどうかを検討しました。A系列とB系列は，まったく同じ6つの形容詞で構成されていますが，提示していく順序が逆になっています。A系列では，はじめのほうに好ましい形容詞が置かれ，中性的な形容詞がそれに続き，終わりのほうにあまり好ましくない形容詞が置かれています。B系列では，まったく逆の順番になっています。

その結果，A系列では「多少の欠点はあるものの，能力のある人物」といった肯定的な印象がつくられやすいのに対して，B系列では「重大な欠点のために能力が発揮できない人物」というような否定的な印象がつくられやすいこと

表 1-1　アッシュによる初頭効果についての実験（アッシュ，1946）

A 系列	知的な→勤勉な→衝動的な→批判力のある→強情な→嫉妬深い
B 系列	嫉妬深い→強情な→批判力のある→衝動的な→勤勉な→知的な

表 1-2　アッシュによる中心特性についての実験（アッシュ，1946）

A 系列	知的な→器用な→勤勉な→温かい→決断力のある→現実的な→慎重な
B 系列	知的な→器用な→勤勉な→冷たい→決断力のある→現実的な→慎重な

がわかりました。中間に置かれている中性的な意味をもつ「衝動的な」「批判力のある」といった形容詞も，A系列では肯定的な意味に解釈されるのに対して，B系列では否定的な意味に解釈されました。このことは，はじめに肯定的な印象をもつと，その後に得られる情報は肯定的な方向に歪めて解釈されやすく，はじめに否定的な印象をもつと，その後に得られる情報は否定的な方向に歪めて解釈されやすいことを証明するものといえます。

初頭効果が生じる理由についてはいくつかの説明がありますが，アッシュは関連づけのメカニズムによる説明をしています。それは，はじめに与えられた情報によって一定の印象がつくられると，それに続く情報はすでに確立されている印象に関連づけられて取り入れられるというものです。

また，アッシュは，「温かい」「冷たい」という形容詞が中間に置かれ，あとは同じ形容詞で構成されたA系列とB系列を用いた印象形成の実験を行いました（**表1-2**）。そして，このような実験を繰り返す中で，「温かい」「冷たい」という形容詞が，印象形成に対してとくに大きな影響を与えることを発見しました（**表1-3**）。他の形容詞が入れ替わってもあまり印象が変わらないのに対して，「温かい」と「冷たい」のどちらがあるかで大きく印象が違ってくることから，これらを**中心特性**と名づけました。

1.1.2　事前情報の効果

第一印象が印象形成に非常に強い影響を与えることがわかりましたが，そのような強力な影響力をもつ第一印象が，じつは実際に会う前からすでにつくられる場合があることもわかっています（**事前情報の効果**）。それを証明したのが，ケリー（1950）の実験です。

その実験において，教室にいる学生たちは，これから講義をしてもらう臨時講師のプロフィールだとして簡単なメモを受け取ります（**表1-4**）。それを読み終えた頃に講師が入室し，講義と質疑応答を行い，退室します。そこで，学生たちに臨時講師についての印象を形容詞リストにチェックするという方法で評定してもらいます。ただし，配布されたプロフィールはじつは2種類あり，その2つはただ1カ所を除いてまったく同じことが書いてありました。一つは

表 1-3 A 系列（温かい）と B 系列（冷たい）でとくに差がついた印象（アッシュ，1946 をもとに作成）

	A 系列（温かい）(%)	B 系列（冷たい）(%)
寛大な	91	8
賢い	65	25
幸福な	90	34
人の良い	94	17
ユーモアのある	77	13
社交的な	91	38
人気がある	84	28
情の深い	86	31
愛他的な	69	18
想像力豊かな	51	19

表 1-4 ケリーによる事前情報の効果についての実験（ケリー，1950；榎本 訳）

○○氏は，当マサチューセッツ工科大学の経済・社会科学部の大学院生です。彼は，他の大学で 3 学期間，心理学を教えたことがありますが，本校の心理学コースで講義をするのは初めてです。彼は 26 歳で，経験豊かで，既婚です。彼を知る人は，彼のことを，どちらかというと冷たい人物で，勤勉で，批判力に優れ，現実的で，決断力があるといいます。

表に示したものですが，もう一つは表の「どちらかというと冷たい」の部分が「とても温かい」となっていました．つまり，半数の学生は「冷たい」という言葉のある紹介文を，残りの半分の学生は「温かい」という言葉のある紹介文を読んでから講義を受けたのです．

その結果，同じ教室で一緒に講義を聴いたにもかかわらず，前もってどちらの紹介文を読んだかによって，講師の印象がまったく違ったものになっていました．大きな差がみられたのは，「他人を思いやる」「形式ばらない」「社交的」「人気がある」「ユーモアがある」などに関する評価で，いずれも「温かい」が入った紹介文を読んだ学生たちのほうが肯定的に評価していました．さらには，質疑応答への参加度をみると，「温かい」が入った紹介文を読んだ学生たちのほうが積極的に参加していました．これも，臨時講師に対して好印象をもった証拠といえます（図1-1）．

ここからわかるのは，事前に与えられた情報によって一定の印象がつくられると，実際に会ってからの言動も，その印象に沿った方向に解釈されるということです．そうなると，会えばわかりあえるというように楽観することはできません．事前情報が非常に重要になります．

1.1.3　暗黙の性格観

初対面の相手はもちろんのこと，まだ知り合って間もない相手の内面はまったく未知の世界です．でも，得体の知れない相手とやりとりするのは不安なため，わずかな情報を手がかりに，できるだけ手っ取り早く相手の性格的特徴や能力的特徴を推測しようとします．その際に，観察者側の過去経験による勝手な推論が無意識のうちに働き，相手が実際には示していない特徴までも相手の中に見たつもりになることがあります．その典型的な認知システムが暗黙の性格観です．

暗黙の性格観とは，これまでの経験によって形成されたもので，性格特性同士の関係，あるいは性格特性と行動や外見との関係についての認知システムです．たとえば，これまでの経験によって，知的な人は，しっかりしているが，競争心が強く，利己的で，冷たくて，思いやりがないといった性格観を暗黙の

「とても温かい」＞「どちらかというと冷たい」

他人を思いやる
形式ばらない
社交的
人気がある
ユーモアがある

図 1-1　事前情報によって一定の印象がつくられる
紹介文に「温かい」が入っているか「冷たい」が入っているかでとくに大きな差がみられたもの。

うちに身につけている人がいるとします。そのような人が，まだよく知らない人物に関して，知的な人だという情報を得ると，ほぼ自動的に「利己的でつき合いづらい人物」といった印象をもってしまいます。実際には，知的な人の中にも温かく思いやりのある人物もいるはずですが，暗黙の性格観のせいで，「知的」という情報を確認しただけで，「知的」という性格特性とネットワーク化されているほかの性格特性までもその人物がもっているように思い込んでしまうのです（図1-2）。

　暗黙の性格観には，容姿・容貌，髪型・化粧，服装などの外見的特徴と性格特性を結びつけたものや，しゃべり方，声の大きさ，しぐさ，歩き方，車の運転の仕方などの行動特徴と性格特性を結びつけたものなどもあります。

　暗黙の性格観は，乏しい手がかりから相手の性格を推測するのに役立ちますが，偏見にもつながります。暗黙の性格観によって相手に帰属させた何の根拠もない性格特性であっても，いったんつくられた印象はなかなか修正がきかないため，目の前の相手をきちんと見ていないというようなことが日常的に起こっている可能性があります。その場合，目の前の人物を見ているつもりでありながら，実際には見る側の心の中から引き出された架空の人物を見ていることになります。

1.2　対人認知の枠組み

1.2.1　対人認知の次元

　対人認知に際しては，私たちは相手に関するさまざまな次元の情報を参考にします。たとえば，容姿・容貌や服装のような外見的手がかりや，社会的場面でみられる行動的特徴，性格や自己概念や価値観のような内面的特徴など，手に入るあらゆる情報を手がかりに，目の前の人物に対する印象が形成されます（表1-5）。

　ローゼンバーグたち（1968）は，人間関係面での良し悪しと知的能力面での良し悪しという2つの次元で対人認知が行われるとしました（図1-3）。実際，友だちや仕事上関わりのある人物を評する言葉に注意を払うと，「頭は良いん

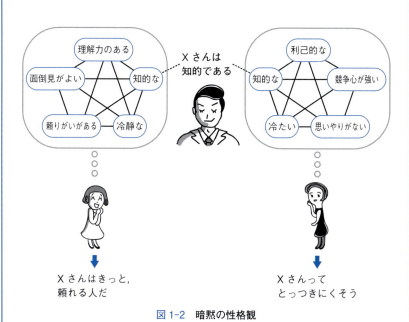

図 1-2　暗黙の性格観

表 1-5　対人認知に用いられる情報の次元

外見的手がかり	容姿・容貌・服装など相手の外見。
行動的特徴	相手の自分に対する行動や他者に対する行動など。
内面的特徴	相手の持続的な性格特性，相手の感情的適応と自己概念，価値観など。

だけど，性格がきつくて人とうまくいかないんだよね」「人当たりが良くて，だれとでもうまくつきあえるんだが，仕事がいまいちできないんだなあ」などと，人間関係面と知的能力面の2次元でとらえていることが多いものです。

対人認知の次元に関しては多くの研究が行われてきましたが，大橋たち（1975）や林（1978）は，個人的望ましさ，社会的望ましさ，活動性の3つの次元でとらえられるとしています（図 1-3）。社会的望ましさは人間関係面の良し悪しの次元，個人的望ましさは知的能力面の良し悪しと重なっており，それに活動性が加わるものの，人間関係面と知的能力面で人を判断するのは多くの人に共通する傾向といってよいでしょう。

1.2.2 ステレオタイプと自己スキーマ

ドーンブッシュたち（1965）は，2人が同一の友だちについて記述する際のカテゴリーの重複（45％）よりも，1人が2人の異なる友だちについて記述する際のカテゴリーの重複（57％）のほうが大きいことを見出しました。ここからわかるのは，対人認知においては見る側の要因が大きく作用するということです。そこで，見る側の要因として，ステレオタイプと自己スキーマを取り上げます。

ステレオタイプとは，人種・民族，性別，年齢，職業などの社会的カテゴリーで分類される集団に対する紋切り型のとらえ方のことです。たとえば，日本人は内気で恥ずかしがり，アメリカ人は明るく社交的，雪国出身の人は寡黙で忍耐強い，女性は繊細でやさしい，年をとると頑固になる，銀行員は堅くてきまじめ，などといった私たちの社会で広く共有されている見方も，ステレオタイプの一種といえます。

マクガーティたち（2002）は，ステレオタイプのもつ基本的な原則として，つぎの3つをあげています。
1. ステレオタイプは説明の助けとなる。
2. ステレオタイプはエネルギー（労力）を節約する道具である。
3. ステレオタイプは共有された集団信念である。

つまり，ステレオタイプのお陰で，私たちは目の前の人物，あるいは問題と

【ローゼンバーグの2次元】
- 人間関係面での良し悪し

温かい，社交的な，人気のある ⟷ 不幸な，冷たい，ユーモアのない　など
- 能力面での良し悪し

勤勉な，理性的な，意志の強い ⟷ 愚かな，無責任，軽薄な　など

【林が抽出した3次元のうちの2つ】
- 社会的望ましさ

冷たい─温かい，人の良い─人の悪い，親切な─意地悪な　など
- 個人的望ましさ

頼りない─しっかりした，知的な─知的でない，頭の良い─頭の悪い　など

図 1-3　対人認知の主要な2つの次元（林，1978をもとに作成）

なっている人物や集団の性質について，手っ取り早く判断することができます。ただし，それが対人認知を歪め，時に偏見や差別につながります。

　コーエン（1981）は，映像に出てくる女性がウェイトレスあるいは司書であるという情報を前もって与えてから映像を視聴させ，その後に記憶テストを行いました。その結果，映像で描かれた行動のうち，ウェイトレスという情報を与えられていた者はウェイトレスらしい特徴を，司書という情報を与えられていた者は司書らしい特徴をよく覚えていることがわかりました。つまり，ステレオタイプに合致しない特徴よりも合致する特徴をよく覚えていたのです。

　バナジたち（1993）は，前もって依存性あるいは攻撃性に関連する刺激語にふれさせてから，ある架空の人物の行動を記述した文章を読ませ，その人物がもつ特性を評定させるという実験を行っています。その結果，前もって依存性に関連する刺激語にふれた場合は，登場人物が同じ行動をとっているにもかかわらず，その人物が女性である場合のほうが男性である場合よりも依存的であるとみなしていました。同様に，前もって攻撃性に関連する刺激語にふれた場合は，登場人物が同じ行動をとっているにもかかわらず，その人物が男性である場合のほうが女性である場合よりも攻撃的であるとみなしていました（表1-6，表1-7）。これらは，依存性に関連する刺激語にふれることで「女性は依存的である」というステレオタイプが活性化し，攻撃性に関連する刺激語にふれることで「男性は攻撃的である」というステレオタイプが活性化することを示す結果ですが，そのようなステレオタイプが広く共有されていることの証拠ともいえます。

　自己スキーマも対人認知に影響します。自己スキーマとは，過去経験によって形成された自己についての認知の一般化されたもので，自己にかかわる情報処理を規定するものです。たとえば，自分は社交的である，独立的である，キャリア志向が強い，思いやりがあるなどといった自己に関する知識が自己スキーマに相当し，それは自己ばかりでなく他者に関する情報処理の仕方をも規定します。

　カーペンター（1988）は，キャリア志向についての自己スキーマと対人認知の関係を検討しています。そこでは，ある架空の人物像を提示した後で，その

表 1-6　性別ステレオタイプの潜在的影響——依存性
（バナジたち，1993）

相手の性別	前もって提示された刺激語	
	中性語	依存性に関連する言語
女　性		
平均	6.26	8.25
標準偏差	2.64	2.17
人数	19	16
男　性		
平均	7.22	5.83
標準偏差	1.50	2.49
人数	22	24

表 1-7　性別ステレオタイプの潜在的影響——攻撃性
（バナジたち，1993）

相手の性別	前もって提示された刺激語	
	中性語	攻撃性に関連する言語
女　性		
平均	7.00	7.05
標準偏差	2.09	1.78
人数	27	35
男　性		
平均	6.45	7.68
標準偏差	2.15	1.48
人数	33	38

人物に関する情報を思い出させたところ，キャリア志向の自己スキーマをもつ者は，そのような自己スキーマをもたない者よりも，その人物に関するキャリア志向的な情報をよく思い出しました。これは，自分の自己スキーマに沿って他者に関する情報処理をしていることの証拠といえます。

1.3 化粧や服装の効果

1.3.1 化粧の効果

化粧には，変身をしてふだんと違う自分になるという意味と，目的に応じて望ましい自分の外見を演出するという意味があります（図 1-4, 図 1-5）。人間関係においてとくに意識されるのは後者の意味でしょう。そこでは，自己呈示（第 3 章参照）の一種として化粧が行われます。

グラハムとジョハー（1981）は，化粧が人の見栄えをより魅力的にするのであれば，化粧をすることで性格的特徴も好意的に評価されるはずであるという前提に立って，化粧とヘアケアを共にきちんと行う条件，どちらかのみきちんと行う条件，共にきちんと行わない条件の 4 条件を設定し，外見的魅力の評価および性格の評価に違いがあるかどうかの検証を行っています。その結果，化粧もヘアケアもきちんと行ったほうが外見的魅力の評価が高いことが示されました。さらに，化粧もヘアケアもきちんと行ったほうが，多くの性格の次元において評価が高くなる，つまり好ましい性格をもつとみなされることも示されました。

吉川と榎本（2000）は，化粧度（使用する化粧品数）が対人不安（第 5 章参照）と負の相関，自尊心と正の相関があり，化粧度の高さが自信の強さや対人関係における安定性と関連していること（大坊，1997）から，大学生や看護学生の化粧度に関する調査を行っています。その結果，容貌，スタイル，性的魅力を重視する者ほど，ナチュラルメイク（ファンデーション，アイブロウなど）やメイキャップ演出（マニキュア，アイライナーなど）の使用度の高さが目立ち，恋愛関係や自分らしい服装を重視する者ほどメイキャップ演出の使用度が高くなっていました。化粧動機に関しては，学校場面では，「外見的魅力」「性的魅

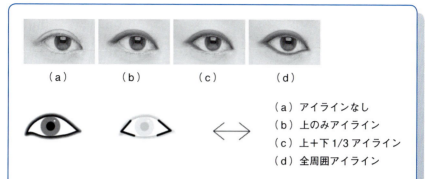

図 1-4 アイメイクと幾何学的錯視の関係（森川, 2015）

森川（2015）は，化粧による目の大きさの錯視を検討し，「上のみアイライン」条件で約 4.8％，「上＋下 1/3 アイライン」条件で約 5.1％の過大視が生じるが，「全周囲アイライン」条件では約 3.3％と錯視量が統計的に有意に少なくなることを実証している。その原因として，「全周囲アイライン」条件では，図のように目頭と目尻にミュラー・リヤー内向錯視図形を形成し，それが目の過小視をもたらし，アイラインによる目の過大視を弱めてしまうことが指摘されている。

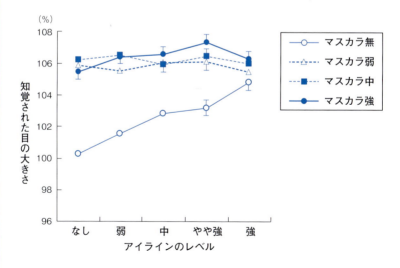

図 1-5 アイラインとマスカラによる目の過大視（森川, 2015）

同じく森川（2015）は，マスカラ使用により約 6％の目の大きさの過大視が生じること，マスカラを使用していればアイラインの影響はないこと，マスカラを使用していないときはアイラインが強いほど目の過大視の錯視量が増すことを実証している。

力」を重視する者ほど「人に良い印象を与えたい」「欠点をカバーしたい」「素顔とは違う自分になりたい」「男性から魅力的と思われたい」「まわりの女性に見劣りしたくない」という動機をもつ傾向が強く，デート場面では，「外見的魅力」「性的魅力」を重視する者ほど「男性から魅力的と思われたい」「まわりの女性に見劣りしたくない」という動機をもつ傾向が強くなっていました。

1.3.2 服装の効果

　初対面の相手やまだよく知らない相手の場合，その人柄を知る手がかりとして服装などの外見的側面の比重が非常に大きいといえます。人を外見で判断してはならないというのはだれもが思うことのはずですが，相手の内面を見ているつもりでありながら，じつは外見から内面を推測していることが多いものです。ゆえに，だれもが服装などの外見に気をつかうのです。

　高木（2010）は，大学生を対象に，相手がどのような服装だと友人関係を形成しやすいかについての調査を行っています。その結果，派手すぎない服装をあげる者がもっとも多く，2位がカジュアルな服装，3位が落ち着いた服装となっていました。

　レフコヴィッツたち（1955）は，服装が同調行動に与える影響についての実験を行っています。それは，信号無視をして横断歩道を渡り始める人物の服装によって，同調して渡り始める人の比率が違うかどうかをみるものです。同じ男性が服装を替えることで2つの実験条件が設定されました。その結果，きちんとした服装の人物が信号無視して渡り始めた場合は14％がつられて渡り始めたのに対して，だらしない服装の人物が信号無視して渡り始めた場合にはつられて渡り始めた者はわずか4％しかいませんでした（表1-8）。このような結果は，多くの人が，同調してよいかどうか，つまり信頼できる人かどうかを服装によって判断していることを表しています。

　シャボーたち（1974）は，同じ人物が服装を替えて通りがかりの人に道を尋ねるという2つの条件を設定し，実験を行いました。その結果，きちんとした服装をしているほうが，詳しく道順を教えてくれる人の比率がはるかに高くなることが示されました（表1-9）。

表 1-8 信号を守った人，無視した人 (レフコヴィッツたち，1955)

	サクラの服装	
	きちんとした服装	だらしない服装
サクラの行動		
信号遵守		
信号を守った人（%）	420 人（100%）	351 人（99%）
信号を無視した人（%）	1 人（ 0%）	3 人（ 1%）
信号無視		
信号を守った人（%）	250 人（ 86%）	276 人（96%）
信号を無視した人（%）	40 人（ 14%）	12 人（ 4%）

表 1-9 道を教えた人，教えなかった人 (シャボーたち，1974)

	サクラの服装	
	きちんとした服装	だらしない服装
道を教えた		
簡単に道を教えた	4 人（ 6.7%）	13 人（21.7%）
詳しく道を教えた	31 人（51.7%）	23 人（38.3%）
道を教えなかった	25 人（41.7%）	24 人（40.0%）

対人魅力

2.1 対人魅力の諸要因

妙に気になる相手もいれば、まったく気にならない相手もいるものです。人をひきつける力を魅力といいますが、魅力を生む心理メカニズムを探るのが**対人魅力**の研究です。対人魅力に関する研究では、身体的魅力、近接の効果、単純接触の効果、類似性の効果などの要因が明らかにされています。

2.1.1 身体的魅力

対人魅力の要因の中でも、もっともわかりやすいのが**身体的魅力**です。容姿・容貌は、性格や能力などの内面的性質と違って、パッと見てすぐにわかるだけに、その魅力の効果については多くの研究が行われています。

その端緒を開いたのが、新入生歓迎パーティを利用したウォルスターたち（1966）の実験です。それは、アンケート用紙に記入すれば、コンピュータが相性をもとにピッタリの相手を選んでくれるというものでした。コンピュータが選んだ相手（実際はコンピュータは使われず、無作為にペアがつくられた）に対する好意度を評定させると、男女とも、相手の身体的魅力が高いほど好意度が高くなっていました。相手の性格などはほとんど関係していませんでした。

身体的魅力が高いと、内面的魅力までが高く評価されることが多くの研究からわかっています。たとえば、ミラー（1970）は、前もって外見の魅力度によって3段階に分類された写真を用いて、それぞれの人物を17個の形容詞で評定させる実験を行いました。その結果、男女ともに、写真の人物の外見的魅力度が高いほど、好奇心が強く、洗練されており、見る目があり、自信があり、意志が強く、幸せで、活発で、愛想がよく、率直で、まじめで、楽しみを求め、隠し事をせず、融通が利くというように、肯定的にみなされることがわかりました。ディオンたち（1972）も、外見的魅力度によって3段階に分類された写真を用い、写真の人物の印象を答えさせる実験を行いました。その結果、写真の人物の外見的魅力度が高いほど、社会的に望ましい性格をもち、職業上の成功を得ており、結婚への適性があり、生活に満足しているとみなされやすいことが示されました（表2-1）。

表 2-1　身体的魅力と内面的魅力

身体的魅力度が高いほど，肯定的にみられる

好奇心が強い，洗練されている，見る目がある，自信がある，意志が強い，幸せ，活発，愛想がよい，率直，まじめ，楽しみを求める，隠し事をしない，融通が利く

社会的に望ましい性格
職業上の成功
結婚への適性
生活に満足

ランディとシーガル（1974）は，エッセイとそれを書いたとされる女性の写真を見せ，エッセイの出来栄えを評価させるという実験を行っています。そこでは，出来の素晴らしいエッセイと酷い出来のエッセイ，魅力的な女性の写真とあまり魅力的でない女性の写真がそれぞれ用意され，4通りの組合せで提示されました。その結果，同じエッセイでも魅力的な女性が書いたと思わされた場合のほうが高く評価されました。さらには，たとえ酷いエッセイでも，それが魅力的な女性が書いたとされた場合は，魅力的でない女性が書いたとされる出来栄えの素晴らしいエッセイとほぼ同じくらい高く評価されたのです。
　その後の研究でも身体的魅力の高さが，多くの肯定的な特性を連想させることが確認されています。ラングロスたち（2000）は，11の研究のメタ分析を通して，つぎのような指摘をしています。
1. 文化内でも，通文化的にも，どのような人物が魅力的かについての評価は一致する。
2. 子どもも大人も，魅力的な人物は魅力的でない人物よりも，肯定的に評価される。
3. 子どもも大人も，魅力的な人物は魅力的でない人物よりも，肯定的な処遇を受ける。
4. 子どもも大人も，魅力的な人物は魅力的でない人物よりも，肯定的な行動や特性を示す。

　この中の2や3は，まさに身体的魅力に関するステレオタイプが歴然と存在していることの証拠といえます。このように身体的魅力が高いことで有利になることがわかるため，ダイエットに励む人や化粧・服装に気をつかう人が多いのでしょう。
　身体的魅力を身体の部分的要素によって解明しようという研究もあり，その典型が女性のウェストとヒップの比率＝WHR（west-to-hip ratio）と魅力度の関係についての研究です。シン（1993）は，図2-1のような12の体型図を男性に見せて，魅力度によって1位から12位まで順位づけしてもらいました。さらに，健康である，若く見える，セクシー，子どもを欲しがる，子どもをもつことができるなど，いくつかの性質について，もっともあてはまる3つと

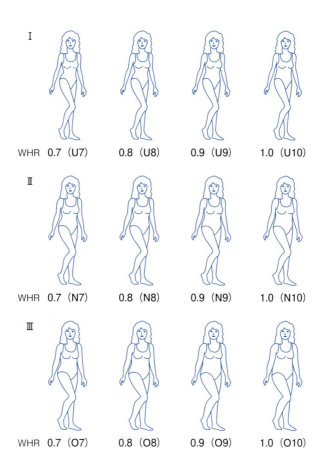

図 2-1 WHR と体重で類型化した 12 の体型 (シン, 1993)
U：やせすぎ，N：標準体重，O：太りすぎ。

もっともあてはまらない3つを選んでもらいました。その結果，WHRが低いほど魅力的とみなされており，もっとも魅力的とみなされたのが体重が標準でWHRが0.7のN7でした。また，標準体重の4体型と低体重の4体型では，どの性質についてもWHRが低いほど評価が高くなっていました（図2-2）。

2.1.2 近接の効果

近接の効果とは，物理的に近くにいることが対人魅力を生むということです。シーガル（1974）が行った友人関係の調査によれば，名前の最初の文字がアルファベット順で近い者同士が親しくなっていました。それは，教室の座席が名前のアルファベット順で決まることが多いためでしょう。つまり，いつも近くにいることが魅力の要因となっているのです。フェスティンガーたち（1963）の大学の寄宿寮の調査では，全体の3分の2が同じ建物の住人を友人として選び，そのうちの3分の2は同じ階の住人を選んでいること，そして同じ階でもドアが3つ以上離れている者よりも2つ離れている者のほうが，さらにそれよりもすぐ隣に住む者のほうが，友人として選択されていることが確認されました。

2.1.3 単純接触の効果

単純接触の効果とは，ただ単に接触頻度が高いというだけで対人魅力が生じるというものです。たとえば，ベックネルたち（1963）が行ったストッキングを用いた実験では，新しいブランドのストッキングを紹介するということにして，4種類の架空のブランド名がスライドで映写されました。映写回数は，ブランドによってそれぞれ1回，4回，7回，10回のいずれかに割り振られました。映写終了後に，各ブランド名のついた箱を並べ，実験に協力してくれたお礼として好きな箱から一足もち帰ってもらいました。箱の中のストッキングは，じつはどれも同じだったのですが，映写回数が多かったブランドのストッキングほど減っていました。

ザイアンス（1968）は，英語の無意味綴りや中国語の文字を刺激として用い，すべての刺激が映写回数0，1，2，5，10，25という6つの条件を経験するようにして，各刺激の好感度を評定してもらうという実験を行っています。その

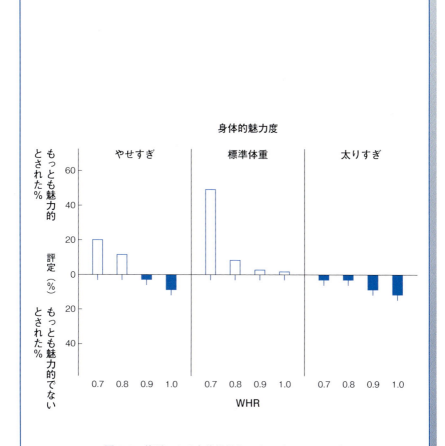

図 2-2　体型による身体的魅力の違い（シン，1993）

結果，どの刺激も映写回数が多いほど好感度が高くなっており，映写回数ごとの好感度の平均値も映写回数に比例して高くなっていました（図2-3）。

2.1.4 類似性の効果と相補性の効果

似ている者に対して魅力を感じやすいというのが**類似性の効果**です。バーンたちの多くの研究によって，態度の類似性が高いほど，つまりものの見方・考え方が似ているほど，相手の魅力度が高まるという直線的な関係が証明されています（図2-4）。

グリフィット（1970）は，態度の類似度と部屋の快適さを組み合わせた実験をしています。態度の類似度は，全体の質問項目のうち25％一致する相手と75％一致する相手が設定されました。部屋の快適さについては，室温19.7度で湿度30％の快適な部屋と，室温31.9度で湿度60％の不快な部屋が用意されました。そして，それぞれの部屋で知らない人物の態度に関する情報だけを見せて，その人物の魅力度を評定してもらったところ，どちらの部屋でも態度の類似度が高いほど魅力度が高くなっていました。さらに，類似度が高くても低くても，不快な部屋で評定した場合よりも快適な部屋で評定した場合のほうが魅力度が高くなっていました。この実験では，態度の類似性の効果が確認されたのに加えて，快適環境の効果の存在も明らかにされたのです（図2-5）。

ニューカム（1956）は，大学の学生寮に新たに入った新入生を対象に，交友関係の追跡調査をしています。その結果，はじめのうちは同室の者や部屋の近い者が親しい相手として選ばれましたが，しだいに態度の類似性の効果が威力を発揮し始めることが確認されました。つまり，近接の効果や単純接触の効果によって親しくなった者も，態度の類似度が高い場合はより親密な関係に進展していくのに対して，態度の類似度が低いと徐々に疎遠になっていくことが多かったのです。

態度の類似性がこのように対人魅力の強力な要因になるのは，それが心理的報酬をもたらすからです。では，態度が似ていることは，どのような形で心理的報酬となるのでしょうか。態度の類似性が心理的報酬になる理由として，以下のようなことが考えられます。

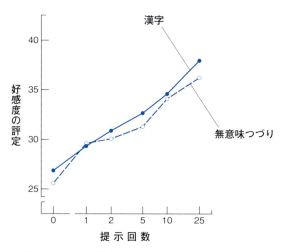

図 2-3　接触頻度と魅力の関係――無意味綴りと漢字（ザイアンス，1968）

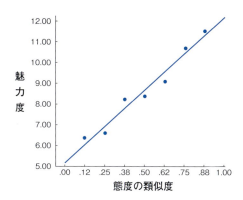

図 2-4　態度の類似性と魅力度（バーンとグリフィット，1966）

第1に，態度が似ていれば，自分のものの見方や考え方の妥当性に自信がもてるということがあります。人は自分のものの見方や考え方が正しいかどうか不安に思うものですが，似たようなものの見方や考え方をする人がいると，「これでいいんだ」と安心することができます。

　第2に，態度が似ていれば一緒に活動しやすいということがあります。たとえば，趣味や好み，ライフスタイルが似ている場合は，行動を共にしやすいし，一緒に楽しむことがしやすいというメリットがあります。

　第3に，態度が似ていれば相手の行動を予測しやすいということがあります。行動が予測できない相手とのつき合いには不安が伴いますが，行動が予測しやすい相手なら安心してつき合えます。

　第4に，態度が似ていれば認知的バランスがとれるため，好意的関係になりやすいということがあります（これに関しては，第8章のハイダーの認知的バランス理論の解説（8.1）を参照）。

　なお，態度でなく性格については，類似性の効果が働く場合と**相補性の効果**（正反対の者同士が引き合ったり，補い合ったりする）が働く場合があり，一貫した結果は得られていません。たとえば，支配性が高く引っ張っていきたい人物は，同じく支配性の高い相手より，ついていくほうを好む依存的な相手とうまくいきやすいでしょうし，世話をするのが好きな人物は，同じく世話好きの相手より，世話をしてもらうのが好きな相手とうまくいきやすいでしょう。そこでは相補性の効果が働くと考えられますが，誠実な人物は不誠実な相手とうまくいきやすいとか，協調性の高い人物は協調性の乏しい相手とうまくいきやすいなどということはないでしょう。このように，性格に関しては，性質によって類似性の効果が働いたり，相補性の効果が働いたりします。

2.2 魅力感受の認知メカニズム

2.2.1 情動の2要因説からみた魅力感受

　シャクターとシンガーは，何らかの情動が生じるためには生理的喚起が必要だが，それを引き起こした原因を自分の置かれた状況に求めるという，生理と

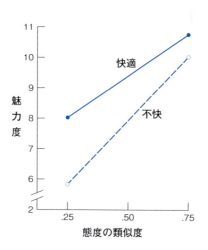

図 2-5 態度の類似性,室内の快適さと魅力度 (グリフィット,1970)

認知の2要因から情動体験を説明する**情動の2要因説**を唱えました。それによれば，生理的喚起を引き起こした原因を何に求めるかによって経験される情動が違ってきます。たとえば，生理的喚起に気づいたとき，それに怒りというラベルをつけると腹が立ってくるが，恋心というラベルをつけると恋愛感情が湧いてくることになります。そのことを証明するために，薬物で生理的喚起を引き起こし，状況を操作することで愉快な気分や苛立ちを生じさせる実験を行っています。

　シャクターとシンガー（1962）は，エピネフィリンという興奮剤を注射し，「手が震えたり，胸がドキドキしたり，顔が火照ったりという副作用が15〜20分くらい続くことがある」と正しい副作用情報を与えた場合（条件1），副作用情報を与えない場合（条件2），「足の感覚が麻痺したり，身体の各部位がちくちくかゆくなったり，軽い頭痛がしたりすることがある」と偽の副作用情報を与えた場合（条件3），そしてエピネフィリンでなく食塩水注射をした場合（条件4）を設定しました。注射を受けた後，待合室で待たされますが，待合室にいるサクラたち（実験を受けている人物は，自分と同じく実験を受けている仲間だと思い込む）が上機嫌にはしゃいでいます。その後で気分を測定すると，条件2や条件3では上機嫌の度合いが高く，条件1や条件4ではとくに上機嫌にならないことが示されました（**表2-2**）。ここで重要なのは，つぎのような点です。

1. 生理的喚起を説明する直接的な手がかりがないとき，周囲の状況を手がかりにして，自分の生理的喚起状態に名前をつける。

　条件2や条件3では，自分がなぜ生理的喚起状態にあるのかがわからないため，自分と同じ立場にある周囲の人たちが上機嫌にしていると，それを手がかりに「自分は愉快なんだ」と思い，自分の生理的喚起状態に愉快という感情の名前をつけることで愉快な気分になる。

2. 生理的喚起に適切な説明がつく場合は，自分の状態を評価しようという欲求は生じないため，周囲の手がかりを参考にすることはない。

　条件1では，自分の生理的喚起が注射のせいだとわかっているため，とくに感情の名前をつけることはないので，感情は生じない。

表 2-2 生理的喚起と偽物の「愉快な気分」(シャクターとシンガー, 1962)

条　　件	人数	愉快さの自己評定
1. 生理的喚起/副作用情報あり	25	0.98
2. 生理的喚起/副作用情報なし	25	1.78
3. 生理的喚起/偽の副作用情報	25	1.90
4. 生理的喚起なし	25	1.61

(高得点ほど愉快な気分)

表 2-3 生理的喚起と偽物の「苛立ち」(シャクターとシンガー, 1962)

条　　件	人数	怒りの自己評定
1. 生理的喚起/副作用情報あり	22	1.91
2. 生理的喚起/副作用情報なし	23	1.39
3. 生理的喚起なし	23	1.63

(低得点ほど苛立ち気分)

3. 生理的喚起が生じなければ，情動が経験されない。

条件4では，生理的喚起が生じないため，何ら感情は生じない。

シャクターとシンガー（1962）は，苛立ち気分についても同様の実験を行い，情動の2要因説を支持する結果を得ています（表 2-3）。

以上からわかるのは，生理的喚起状態を引き起こし，その原因に気づかれないようにすれば，状況の設定の仕方しだいで特定の感情を生じさせることができるということです。

ダットンとアロン（1974）は，恐怖で生理的喚起を引き起こし，状況を操作することで，性的に興奮させ，目の前の異性に対する性的関心を生じさせる実験を行っています。その実験は，深い峡谷のはるか上方に架けられたすぐに揺れる不安定な吊り橋で行われました。吊り橋の長さは140mほどもあり，70mほど下にゴツゴツした岩場が見えます。その吊り橋を1人で渡ってくる男性が渡り終える前に女性の実験者が近づき，TATの1枚の図版を見て簡単な話を創作する実験にその場で協力してほしいと頼みます。物語ができたら，「今は時間がないけれども，結果について詳しい説明を聞きたければ，電話してください」と言って名前と電話番号を記して渡します。コントロール群としては，吊り橋を渡り終えて10分以上経過し，公園のベンチに座ったり，公園の中をぶらぶらしている男性を選び，同じくTAT図版を用いた実験への協力を求めます。

この実験では，性的興奮や異性への性的関心の指標として，TATの図版を見て創作した話の内容分析（どの程度性的な内容が含まれているか）と電話をかけてきたかどうか（電話は女性に関心をもった証拠とみなす）を用いています。結果をみると，TATの内容でも電話をかけてきた人の比率でも，両群の間に有意差があり，吊り橋を渡っている最中の男性のほうが性的に興奮し，いきなり声をかけてきた女性に関心を抱いたことがわかります（表 2-4）。

2.2.2 気分が対人魅力に与える影響

気分が良いときのほうが，気分が良くないときよりも，相手の印象が良くなるということは，すでに類似性の効果のところで紹介した実験でも示されてい

表2-4 吊り橋の恐怖と異性の魅力（ダットンとアロン，1974）

	電話をかけてきた人の比率	性的興奮得点（TAT）
吊り橋の上	13/20	2.99
渡り終えて10分以上経過	7/23	1.92

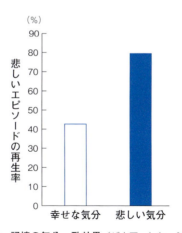

図2-6 記憶の気分一致効果（バウアーたち，1981）

ました（図 2-5）。

バウアーたち（1981）の記憶の気分一致効果に関する実験では，半数の人を幸せな気分に，残りの半数の人を悲しい気分に浸らせるというように気分を操作してから，幸せな人物と不幸な人物の2人が登場する物語を読ませ，翌日になって物語に描かれたエピソードを思い出させています。その結果，再生量全体に違いはみられないものの，幸せな気分で物語を読んだ人たちは楽しいエピソードを多く思い出し，悲しい気分で物語を読んだ人たちは悲しいエピソードを多く思い出すというように，思い出す内容が明らかに気分によって方向づけられていました（図 2-6）。

対人魅力においても，このような気分一致効果が作用していると考えられます。先述のグリフィットの実験によって得られた，快適な部屋にいる気分の良い人は不快な部屋にいる気分の悪い人よりも相手の魅力度を高く評価するという結果も，気分によって着目する部分や重視する部分が異なるために生じるものと解釈することができます。これは，対人魅力における気分一致効果ということができます。

フォーガスとバウアー（1987）は，適応状態や性格を測定する心理検査の偽のフィードバックにより，半数を良い気分に，残りの半数を嫌な気分になるように操作し，架空の人物の印象を評価する課題に取り組ませました。その結果，良い気分の者は否定的な評価より肯定的な評価のほうがはるかに多くなっていたのに対して，嫌な気分の者では肯定的な評価と否定的な評価の間にあまり差はありませんでした。そして，肯定的な評価は良い気分の者のほうが多く，否定的な評価は嫌な気分の者のほうが多くなっていました（図 2-7）。

さらに，その人物の特徴についてどれくらい思い出すことができるかを調べたところ，良い気分の者は否定的な特徴より肯定的な特徴のほうをはるかに多く思い出すのに対して，嫌な気分の者は肯定的な特徴より否定的な特徴のほうをやや多く思い出しました（図 2-8）。気分によって思い出す内容が違うという記憶の気分一致効果が相手の印象に影響していることを示すデータといえます。

このように，気分が対人認知に影響し，気分が良いことが相手の対人魅力を高めることが明らかになりました。

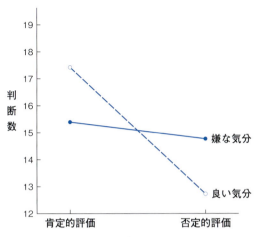

図 2-7　気分に左右される対人評価（フォーガスとバウアー，1987）

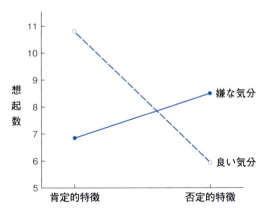

図 2-8　気分に左右される「相手について思い出す情報」の内容
（フォーガスとバウアー，1987）

言語的コミュニケーションと非言語的コミュニケーション

3.1 対人コミュニケーションのチャンネル

　人と人の間のコミュニケーションは，さまざまな要素を組み合わせる形で行われています。たとえば，送り手は，伝えたいことを言葉で話すだけでなく，表情や視線や声の調子にも思いを込めて伝えようとします。受け手も，送り手が発した言葉だけに反応するのではなく，表情や視線や声の調子に注意を払いつつ，真意を理解しようとします。時に送り手が意図していないことが仕草や話し方に現れてしまうこともあります。あるいは，受け手が表情や声の調子を読み違えて，誤解が生じることもあります。このように，対人コミュニケーションは，さまざまなチャンネルを通して行われます（図 3-1）。

3.2 言語的コミュニケーション

3.2.1 自己開示

1. 自己開示とは

　自己開示とは，自分がどのような人物であるかを他者に言語的に伝える行為のことです。具体的には，自分の性格的特徴や身体的特徴，考えていること，感じていること，経験や境遇など，自分自身に関することがらを他者に話すことを指します。自分自身が把握している客体としての自己像あるいはその特徴を示唆するようなことがらを他者に言語的に伝える行為ということもできます（榎本，1997）。

2. 自己開示の次元

　ひとくちに自己開示といっても，その形態や内容はさまざまです。たとえば，「自分はよく自己開示する人間だ」という人がいたとしても，その人が自分を深く知ってもらえるような自己開示をしているのか，さしさわりのない内容ばかりを自己開示しているのかわかりません。そこで，自己開示について検討する際には，自己開示の次元というものを考慮する必要があります。

　多くの研究者は，自己開示の次元として，深さと広がり，あるいは深さと量という2つの次元でとらえてきました。広がりと量の区別をしている人として

```
                  ┌ 音 声 的 ┬(1) 言 語 的（発言の内容・意味）
                  │         └(2) 近言語的（発言の形式的属性）
                  │                  a. 音響学的・音声学的属性
対人コミュニ      │                     （声の高さ，速度，アクセントなど）
ケーション        │                  b. 発言の時系列的パターン
・チャネル        │                     （間のおき方，発言のタイミング）
                  │
                  └ 非音声的 ┬(3) 身体動作
                             │       a. 視線
                             │       b. ジェスチャー，姿勢，身体接触
                             │       c. 顔面表情
                             ├(4) プロクセミックス（空間の行動）
                             │       対人距離，着席位置など
                             ├(5) 人工物（事物）の使用
                             │       被服，化粧，アクセサリー，道路標識など
                             └(6) 物理的環境
                                     家具，照明，温度など
```

図 3-1　対人コミュニケーション・チャンネルの分類（大坊，1998）
(2) 以降が非言語的コミュニケーションである。

いない人がいますが，広がりというのは話題の幅のことです。たとえば，たくさん自己開示するけど家族関係の話ばかりという人は，量は多いけど広がりはない（幅は狭い）ということになります。家族のことも，仕事のことも，趣味のことも，友だちのことも，恋愛のことも，価値観のこともいろいろ話すという人は，広がりのある（幅の広い）自己開示をしていることになります。

自己開示の次元については，榎本（1997）が図 3-2 のように整理していますが，とくに重要なのが深さ，量，広がりという 3 つの次元です。

深さというのは，やや漠然としたとらえ方がなされがちですが，深さと広がりの 2 次元で自己開示をとらえようというアルトマンとテイラー（1973）の見解を参考に整理すると，深さを判断するには，つぎのような基準が考えられます。

1. 特定の状況下の個々の行動の開示より，性格特性のような普遍的な傾向の開示のほうが深い。
2. 独自な内容の開示ほど深い。
3. 行動や実際の出来事よりも，それにまつわる動機・感情・空想のような目に見えない側面の開示ほど深い。
4. 自分の弱点にふれる内容の開示ほど深い。
5. 社会的に望ましくない側面の開示ほど深い。
6. 強い感情を伴う開示ほど深い。

自己開示は，質問紙形式でとらえるのが一般的です。その際，父親，母親，とくに親しい同性の友人，とくに親しい異性の友人あるいは恋人など，特定の相手を設定し，それぞれに対して，自己の各側面について，どの程度話しているかを尋ねます（表 3-1, 図 3-3）。

3. 自己開示の心理的効用

自己開示することには多くの心理的効用があると考えられています。カウンセリングなどで行われているのも，悩みを抱えている人による自己開示であり，カウンセラーの役割は良い聴き手となってクライエントの自己開示を促進することといえます。

榎本（1997）は，自己開示の意義として 4 つあげていますが，それらを 4 つ

3.2 言語的コミュニケーション

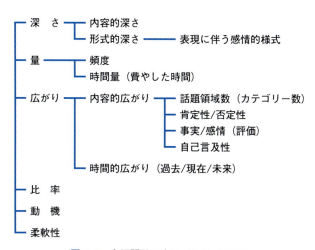

図 3-2　自己開示の次元（榎本, 1997）

表 3-1　榎本の自己開示質問紙（ESDQ）の項目（榎本, 1997）

項目番号	項目内容	項目番号	項目内容
1	知的能力に対する自信あるいは不安	9	職業的適性
16	興味を持って勉強していること	24	興味をもっている業種や職種
31	知的な関心事	39	人生における仕事の位置づけ
2	心をひどく傷つけられた経験	10	こづかいの使い道
17	情緒的に未熟と思われる点	25	自分の部屋のインテリア
32	嫉妬した経験	40	服装の趣味
3	現在持っている目標	11	親の長所や欠点
18	拠りどころとしている価値観	26	家屋に関する心配事
33	目標としている生き方	41	親に対する不満や要望
4	容姿・容貌の長所や短所	12	生きがいや充実感に関する事
19	外見的魅力を高めるために努力していること	27	人生における虚しさや不安
34	外見に関する悩み事	42	孤独感や疎外感
5	運動神経	13	休日の過ごし方
20	体質的な問題	28	芸能やスポーツに関する情報
35	身体健康上の悩み事	43	趣味としていること
6	性的衝動を感じた経験	14	文学や芸術に関する意見
21	性に対する関心や悩み事	29	最近の大きな事件に関する意見
36	性器に対する関心や悩み事	44	社会に対する不平・不満
7	友人に対する好き・嫌い	15	友達のうわさ話
22	友人関係における悩み事	30	芸能人のうわさ話
37	友人関係に求める事	45	関心のある異性のうわさ話
8	過去の恋愛経験		（高校生・大学生用に用いられているもの）
23	異性関係における悩み事		
38	好きな異性に対する気持		

の心理効果として簡単にまとめると、**表3-2**のようになります。

4. 自己開示の適切さ

自己開示をする人物がどのような印象を与えるかという対人認知の観点に立つときに浮上してくるのが、**自己開示の適切さ**ということです。自己開示にも適切さの社会規範があり、それに則っていれば肯定的な印象がもたれ、それに反すると否定的な印象がもたれることになります。

まずは、自己開示の相手との関係に応じた適切さの問題があります。チェイキンとデルレガ（1974a，b）は、友人、顔見知り、見知らぬ人という三者に対する自己開示への評価を比較して、友人に対する自己開示がもっとも適切とみなされ、見知らぬ人に対する自己開示がもっとも不適切とみなされること、また友人に対するものとしては深い自己開示が好まれるのに対して、見知らぬ人に対する深い自己開示は好ましくないとみなされることを明らかにしています。さらに、本人より年下の相手に対する自己開示は、同年配や年上の相手に対する自己開示と比べて、不適切とみなされました。

自己開示のタイミングの適切さの問題もあります。ウォルトマンたち（1976）やジョーンズとゴードン（1972）は、知り合って間もない時期の早すぎる深い自己開示は不適切であり、そのような開示者は性格的に未熟とみなされ、かなり知り合ってからの深い自己開示は適切とみなされることを明らかにしています。

性別による適切さの問題もあります。男性は無口で自分の弱い面は表面に出さず、女性は多弁で感情的に不安定であり自分の弱い面も容易に出してしまう、といった社会通念があり、それに沿った自己開示をしているかどうかが問題になります。このような性役割と結びついた自己開示の適切さに関しては、男性は低開示者のほうが高開示者よりも肯定的に評価されるのに対して、女性は逆に高開示者（ただし、競争心を感じた場合の自己開示を除く）のほうが低開示者よりも肯定的に評価されるということが、いくつかの研究によって示されています（シェルーン、1976；デルレガとチェイキン、1975、1976；クラインクとカーン、1978）。さらに、シェルーンたち（1981）は、量も深さも等しい自己開示であっても、開示する者が男性である場合は女性である場合よりも高い

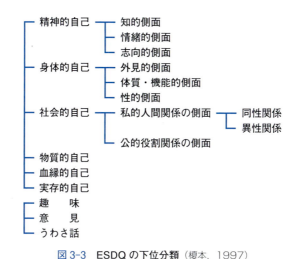

図3-3　ESDQの下位分類（榎本，1997）

表3-2　自己開示のもつ心理的効果

1. 自己明確化効果（自己洞察効果）
自分自身の経験を振り返りつつ語ることで，また相手の反応を通して，自分の心の中で起こっていることについての理解が深まっていく。
2. カタルシス効果
自分の思いを語ることによって情動が発散され，気持ちがすっきりする。
3. 不安低減効果
不安な気持ちを語るのを相手が共感的・受容的に聞いてくれることにより，他の人も同じような経験をしていると知ったり，自分が異常なのではないとわかったりして，不安が和らぐ。
4. 親密化効果
自分の経験や思いを語ることによって，自己開示の相互性が働き，心理的距離が縮まり，親密感が高まっていく。

自己開示度の評定が与えられることを見出しました。これは，一般に期待されている平均的な自己開示水準が，男性よりも女性の場合のほうが高く設定されていることを示す証拠といえます。

3.2.2 自己呈示

1. 自己呈示とは

　自己呈示とは，他者に対して特定の印象を与えるために，自己に関する情報を操作して与える行動のことです。つまり，「このように見られたい」という意図のもとに，他者に対して示す自分についての情報を調整することです。自己呈示という心理機能にはじめて言及したとされるゴフマン（1959）は，他者に一定の印象を与えるために自己呈示を行うことを印象操作と呼んでいます。

2. 防衛的自己呈示と主張的自己呈示

　自己呈示には，他者から否定的な印象をもたれるのを避けるために行う消極的なものとしての防衛的自己呈示と，他者から肯定的な（あるいはこちらに有利な）印象をもたれるために行う積極的なものとしての主張的自己呈示があります（表3-3）。日本人は，防衛的な自己呈示を用いることが多いとされますが，控え目であれ，感情を表に出すな，といった抑制的な作法が多いのも，その表れといえます（船津，1987）。

　防衛的自己呈示とは，他者から否定的な印象をもたれてしまう可能性があるとき，否定的な印象をもたれるのをできる限り避けようとして行う自己呈示のことです。防衛的自己呈示には，弁解や正当化，謝罪，セルフ・ハンディキャッピング，社会志向的行動などがあります（安藤，1994；深田，1998）。

　弁解は，相手から悪い印象をもたれないように，自分の否定的な行為に対する責任をできるだけ軽減しようとして行われる自己呈示です。これには，意図の否定，自由意思の否定，状況要因の強調などの方略があります。

　正当化は，自分の行為が非難されるようなものではないことを主張する自己呈示です。これには，誤解の強調，因果応報の主張，社会的比較の強調などの方略があります。

　謝罪は，自分の行為が非難に値することを認め責任をとることを言明するも

表 3-3（1） 自己呈示の分類——防衛的自己呈示の種類

【防衛的自己呈示とは】
他者から否定的な印象をもたれたり，もたれる可能性があるとき，自分の印象をそれ以上損なわないようしたり，否定的な評価を免れようとしたりする試み。

　弁　　解……意図の否定，自由意思の否定，状況要因の強調。
　正当化……誤解の強調，因果応報の主張，社会的比較の強調。
　謝　　罪……罪悪感・悔恨の表出，反省の言明，今後の改善の保証。
　セルフ・ハンディキャッピング……ハンディキャップの強調，ハンディキャップをつくり出す。
　社会志向的行動……望ましい行動をとる。

のですが，内心は悪いと思っていないにもかかわらず，他者による非難や報復を避けようとしてこれを行うときに，自己呈示となります。これには，罪悪感や悔恨の表出，困惑の表出，何が適切な行為であったかを認識していることの言明，正しい行為がこれから行われることの保証などの方略があります。

　セルフ・ハンディキャッピングは，自分が否定的な評価を受ける可能性があるときに，前もって自分にはハンディキャップがあることを主張したり，実際にハンディキャップをつくり出すことで，失敗による評価の低下や印象の悪化を予防しようとする自己呈示です。たとえば，久しぶりにスキーをするときに「スキーをするのは5年ぶりだからうまく滑れるかどうか」と言ってみたり，スポーツ・テストや学科試験の場で「今日はちょっと体調が悪くて」と言ってみたりするのも，セルフ・ハンディキャッピングの一種といえます。

　社会志向的行動は，社会的に評価される価値ある行動をとることで，問題となっている不適切な行動が偶発的なものであるといった認識をつくり出そうとする自己呈示です。たとえば，ある人物をいじめているのをだれかに知られた後で，その人物に対して親切な行動をこれ見よがしにとったりする方略です。

　主張的自己呈示とは，他者に特定の印象を与えることを意図して積極的に行う自己呈示のことです。主張的自己呈示には，取り入り，自己宣伝，示範のような肯定的な印象を与えようとするものと，威嚇や哀願のような否定的な印象を与えようとするものとがあります（安藤，1994；深田，1998）。

　取り入りは，相手から好意的印象を得るために，相手のごきげんをとるような行動をとる自己呈示で，とくに自分に影響力の大きい相手に対して行われることの多いものです。これには，他者高揚（お世辞）や意見同調があります。

　自己宣伝は，自分が有能な人物，相手にとって役に立つ人物であるといった印象を与えるために，誇張した自己描写を行う自己呈示です。

　示範は，影響力を獲得するために，自分が立派な人物だという印象を与えようとする自己呈示です。献身的努力や自己犠牲的援助を演技として行う場合に自己呈示となります。

　威嚇は，相手を思い通りに動かすため，こちらの意に反した場合に否定的な結果がもたらされるのではないかといった恐怖感情を生じさせる自己呈示です。

表 3-3（2）　自己呈示の分類——主張的自己呈示の種類

【主張的自己呈示とは】
特定の印象を与えるのを目的として，積極的に自分の言動を組み立てていく試み。

　　取り入り……他者高揚（お世辞），意見同調。
　　自己宣伝……有能さや人の良さの強調。
　　示　　範……献身的努力や自己犠牲的援助による立派さの演出。
　　威　　嚇……脅し文句。
　　哀　　願……哀れさの演出。

哀願は，かわいそうな人物だといった印象を相手にもたせることで，大目に見てもらうとか援助してもらうなど，相手から何らかの報酬を得ようとする自己呈示です。

3.3 非言語的コミュニケーション

3.3.1 非言語的コミュニケーションの種類と特徴

パターソン（1983）は，非言語的コミュニケーションの機能として，表3-4のように5つをあげています。第1の情報の提供は，非言語的コミュニケーションのもっとも基本的な機能です。とくに顔の表情が重要となり，意味のあるたくさんの情報が顔の表情を通して伝達されます。ただし，表情に騙される場合もあります。第2の相互作用の調整とは，相互作用に構造や枠組みを与える行動のことで，もっとも自動的で，熟慮なしに行われる傾向があります。対人距離，身体の向き，姿勢などによって，さまざまな関与行動に制限を加えます。さらに，声の高低の変化，最終音節を伸ばした話し方，声量を落とすなどのやり方がとられたりします。第3の親密さの表出は，相手に望む親密さの違いを反映しています。親密さというのは，相手との結びつき，あるいは相手に対する開放性の程度を反映するものといえます。ルービン（1970）が恋愛尺度（表8-2）で高得点のカップルは低得点のカップルよりお互いを見つめ合う時間が長いことを見出しましたが，そのような見つめるという行動も親密さの表出の一つです。第4の社会的統制の行使とは，他の人たちに影響力を行使するという目的で行われる非言語的コミュニケーションのことです。たとえば，相手を説得したいとき，適度に身体を近づけ，凝視を絶やさず，時に身体接触を利用したりするのも，その一例といえます。第5のサービスと仕事上の目標の促進というのは，個人的な関わりの質とは関係なく，医者と患者，教師と生徒，理容師と客など，職業上の役割に添った形で身体接触を行う場合などを指します。

3.3.2 空間行動

空間行動も，私たちが日常的によく用いる非言語的コミュニケーションです。

表 3-4　非言語的コミュニケーションの 5 つの機能
（パターソン，1983）

1. 情報の提供
2. 相互作用の調整
3. 親密さの表出
4. 社会的統制の行使
5. サービスと仕事上の目標の促進

表 3-5　ホールによる 4 つの対人距離帯

1. 密接距離（45 cm 以内）
相手の息づかいや匂いがわかるきわめて近い距離。
親密な間柄にある者同士がとるもの。
2. 個体距離（45〜120 cm）
手を伸ばせば相手の身体にふれることができる距離。
私的なコミュニケーションに用いられる。
3. 社会距離（120〜360 cm）
相手の身体にふれることができない距離。
公式のコミュニケーションに用いられる。
4. 公衆距離（360 cm 以上）
個人的なやりとりはできない距離。
個人と個人のコミュニケーションでなく，多くの聴衆に対するコミュニケーションに用いられる。

ホール (1966) によれば，対人距離は，密接距離，個体距離，社会距離，公衆距離の4つの距離帯に分けることができます（表3-5）。私たちは，このような距離帯を相手との関係の性質や自分自身の目的に応じて使い分けています。

座席のとり方もコミュニケーションにとって大切です。たとえば，長方形のテーブルを囲んで集団で話し合う場面で，短い一辺に座るリーダーは課題中心のリーダーシップをとり，長い一辺の中央に座るリーダーは人間関係を重視するリーダーシップをとることがわかっており，またテーブルの角に座る人は話し合いに積極的に参加したくない人だということがわかっています（ハレとベイルズ，1963）。教室でも，参加する姿勢のある学生は前のほうに座りますが，参加する姿勢の乏しい学生は後ろのほうに座る傾向があるのは，教師なら経験的に知っていることです。実際，教室で前のほうに座る学生は後ろのほうに座る学生よりも成績が良いことも確かめられています（レヴィンたち，1980）。

2人場面に関しても，図3-4のような長方形のテーブルでは，話をする場面では角をはさんで座ったり，向き合って座ったりすることが多く，協力し合う場面では横並びに座ることが多く，お互いに無関係に作業をする並行作業場面では距離もあり相手も見えにくい斜向かいの席を選ぶことが多く，競争する場面では向き合って座ることが多いことが示されています（ソマー，1969）。丸テーブルの場合は，話をする場面では63％が隣同士の席を選び，協力し合う場面では83％が隣同士の席を選び，並行作業場面では51％が対角線上の席を選び，競争場面では63％が対角線上の席を選びました（図3-5；ソマー，1969）。

3.3.3 視　　線

視線に関しては，好意を抱いている者同士の間では視線が頻繁にふれ合う（アイコンタクト）というデータが多いことから，視線は好意を示す機能をもつとみなされています。視線の接触が多い相手，つまりこちらをよく見つめる相手は好意的印象を与えるということも示されています。

ただし，視線のもつ意味は関係性によって異なります。見つめることが敵意や競争心のサインとなることもあり，その場合は視線は好意でなく挑発的な意

3.3 非言語的コミュニケーション

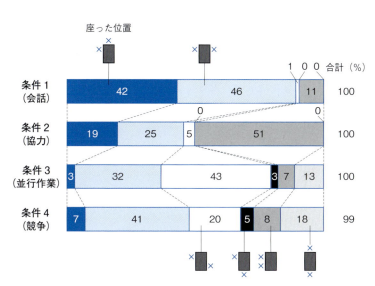

図 3-4 2人の関係と席の選択——四角いテーブルの場合
（ソマー，1969 より作成）

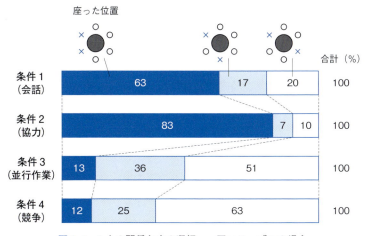

図 3-5 2人の関係と席の選択——円いテーブルの場合
（ソマー，1969 より作成）

味をもつことになります。他者から見つめられると生理的喚起が生じることがGSR反応を用いた実験で示されていますが（ニコルズとチャンプネス，1971），そこから快適な感情を経験することになるか不快な感情を経験することになるかは，状況的な手がかりによります。

視線が接触することが誠実さの表れとみなされ，説得効果につながることも，いくつかの研究によって示されています。たとえば，女子大学生が空港やショッピングセンターで，手紙を投函してほしいとか硬貨を貸してほしいといった頼み事をするという実験があります。その際，半分のケースでは相手の目をじっと見つめながらお願いをし，残りの半分のケースではうつむいたりそっぽを向いたりしながらお願いをしました。その結果，顕著な差はみられなかったものの，じっと見つめながら頼んだ場合のほうが，相手は快く応じようとしました（クラインク，1975）。

3.3.4 身体動作と身体接触

人がだれかと関わる際に用いる非言語的行動を100以上並べたリストを渡し，その中からとくに否定的な印象を与えるものと，とくに肯定的な印象を与えるものを抽出してもらうという調査も行われています。結果をみると，もっとも否定的な印象を与える非言語的行動として，眉をひそめる，天井を見つめる，立ち去る，あくびをする，あざ笑う，冷たい目つきで見つめる，首を横に振る，よそ見をする，爪の掃除をするなどがあげられました。一方，もっとも肯定的な印象を与える非言語的行動としては，触れたり近づいたりする，見つめる，微笑む，うなずく，ジェスチャーを交える，目を見開く，眉を上げる，相手のほうに身体を向けるなどがあげられました（クロアたち，1975）。多くの研究結果によれば，一般に，身体の姿勢が開放的であること，前かがみであること，寛いでいること，身体が相手のほうを向いていることなどが，好感を与える姿勢といえるようです。

ジュラードとフリードマン（1970）は，大学生を表3-6のような4つの条件のいずれかの反応をする聞き手に対して自分自身について話させるという実験をしています。その結果，身体接触や自己開示によって距離が近いほど，話

表 3-6　ジュラードとフリードマンの実験で用いられた聞き手の反応の仕方

条件 1：うなずいたり，「ええ」とか「はい」と言うだけ。
条件 2：条件 1 の反応に加えて，話し手が実験室に入り腰掛ける際に身体に軽く触れる。
条件 3：条件 1 の反応に加えて，聞き手のほうからも自己開示をする。
条件 4：条件 2 と条件 3 を合わせた反応，つまり聞き手が話し手の身体に触れ，自己開示もする。

し手はよりオープンに自分のことを話すことが示されました．つまり，男女とも，第1条件のときに自分について話すことがもっとも少なく，第4条件のときにもっともよく自分について話しました．

ただし，非言語的行動に関しては文化差が大きいことには注意が必要です．多くのデータはアメリカで得られたものですが，見つめることも，身体に触れることも，アメリカと比べて日本では非常に抑制的なので，かえって不快感を与え，否定的な印象につながることも十分考えられます．

3.3.5 表　情

コミュニケーション場面でもっとも目立つ非言語的行動は顔の**表情**でしょう．エクマンとフリーセン（1975）によれば，顔の表情は，幸福，恐怖，驚き，怒り，嫌悪，悲しみという6つの基本的情動に対応して変化します（図3-6）．顔写真を用いて行われた，表情を読み取る実験では，これら基本的感情は表情からかなり読み取れることが確認されています．そして，このような基本的な情動に対応する表情は，文化を越えて共通であることが確認されています．13カ国（アメリカ，メキシコ，イギリス，ドイツ，フランス，ブラジル，チリ，日本など）の人たちにさまざまな表情の写真を見せ，どのような情動が読み取れるかを答えてもらう3つの実験の結果をみると，幸福，恐れ，驚き，怒り，嫌悪，悲しみの6つの基本的情動についての判断は，すべての国々でかなり一致していました．とくに幸福の一致率が平均90％以上と高く，悲しみの一致率が32〜90％ともっとも低くなっていました．このように微妙な文化差はあるものの，基本的な情動を表す表情は，非常に共通性が高いといえます．

シモダたち（1978）は，日本人，イギリス人，イタリア人の学生にいくつかの感情や態度を表現するように求め，その映像を他の国の学生に見せて表情を読み取らせる実験をしています．その結果，日本人の表情の解読がもっとも難しいこと，とくに幸福と友好性を表す表情は読み取りやすいものの，否定的感情や態度の表情は読み取りにくいことが示されました．このような結果から，日本人はイギリス人やイタリア人と比べると表情は抑制的で，とくに否定的感情はあまりはっきり表情に表さないということがわかります（大坊，1998）．

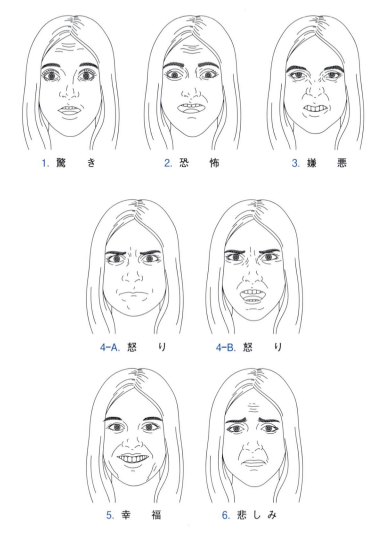

図 3-6 基本的な情動に対応する顔の表情（エクマンとフリーセン，1975 より作成）

向社会的行動
と攻撃行動

4.1 向社会的行動

4.1.1 向社会的行動

向社会的行動とは，社会の規範に則ったうえで他者の利益のために行われる行動のことであり，親切な行動，思いやりのある行動，協力的な行動，人を助けようという行動などを指します。

4.1.2 共感性と思いやり

思いやりのある行動，人を助けようという行動をとるには，相手の立場や気持ちに共感することが必要です。共感というのは日常的によくつかわれる言葉ですが，心理学において**共感性**は認知的側面と感情的側面の双方からとらえるのが主流となっています（図 4-1）。

デイヴィス（1983）は，共感性の認知的側面を視点取得と空想でとらえ，感情的側面を共感的関心と個人的苦痛でとらえる尺度を作成しています。視点取得とは他者の視点に立ってものごとをとらえること，空想とは小説や映画の登場人物に自分を重ねることを指します。共感的関心とは他者に同情したり配慮したりすること，個人的苦痛とは援助が必要な場面で苦しみを味わうことを指します（図 4-2）。

日本人の共感性の高さはしばしば指摘されるところですが，1990年前後から日本の子どもたちの思いやり行動の出現率の低下が，縦断的データや国際比較データによって示されています（坂井，2005）。ただし，国際比較データで日本の子どもたちの思いやり行動の出現率が低くなるのは，人のためになる行動をとったかどうか，とるかどうかを測定しているからであって，人を思いやる心をもっているかどうかを測定しているわけではないということが関係しているのではないでしょうか。思いやりの心はあっても行動に移せないという場合，適切な思いやり行動をとる社会的スキルが身についていないということが考えられますが，人を傷つけてはいけないという気持ちが強すぎて身動きがとれなくなるといった傾向もあるのではないでしょうか。そして，そうした傾向こそが近年の子どもや若者の思いやり行動の出現率の低下につながっているの

共感性 ─┬─ 認知的側面……相手の視点に立ってものをみること。
　　　　│
　　　　└─ 感情的側面……相手の気持ちを共有すること。

図 4-1　共感性の2つの側面

共感の認知的側面 ─┬─ 視点取得……他者の視点に立ってものごとをとらえること。
　　　　　　　　　└─ 空　想……小説や映画の登場人物に自分を重ねること。

共感の感情的側面 ─┬─ 共感的関心……他者に同情したり配慮したりすること。
　　　　　　　　　└─ 個人的苦痛……援助が必要な場面で苦しみを味わうこと。

図 4-2　デイヴィス（1983）の共感性尺度の構成

ではないでしょうか（榎本, 2017）。

そのような傾向をやさしさの変容としてとらえた大平（1995）は, 旧来のやさしさについて「相手の気持に配慮し, わが事のように考える一体感があった」とし, そのようなやさしい滑らかさが失われつつあると言います。一方, 新しいやさしさでは, 相手の気持ちを詮索しないことが欠かせないと言います。要するに,「相手の気持ちを察し, 共感する」やさしさから「相手の気持ちに立ち入らない」やさしさへと変容したというわけです。傷を癒すやさしさよりも, 傷つけないやさしさを重視する。だから相手の気持ちに立ち入らないようにする。そうすれば傷つけることはない。それが今の時代の若い世代に共有されているやさしさであり, 思いやりだということになります（コラム 4-1）。

そのような心理傾向が強まれば, 相手の気持ちに立ち入ることを躊躇し, その結果として思いやりを行動に移すことがしにくくなります。ここで必要なのは, 人の気持ちを多少傷つけても大丈夫という他者への信頼感を身につけ, 人の気持ちを傷つけることを過剰に恐れる心理を克服することです。そういった観点から思いやり行動の出現率の低下について検討する必要があります（榎本, 2017）。

4.1.3 援助行動

援助行動の研究を推進するきっかけとなったのがアメリカのニューヨークで起きたキャサリン・ジェノベーゼ事件です。深夜に帰宅したキャサリンは, アパートの傍の駐車場に車を停め, アパートに向かって歩いているところを暴漢に襲われました。大声を上げたため, 周囲のアパートの多くの部屋の電気がつき, 窓が開きました。それで暴漢はひるみ, 一時退散し, ナイフで刺されたキャサリンはアパートの入り口まで何とかたどり着きました。ところが, 暴漢がまた現れ, 彼女を再び刺しました。叫び声を聞いて, またアパートの部屋の電気がつき, 窓が開いたため, 暴漢はまた退散しました。傷の痛みに耐え, 必死に這いながらアパートの入り口に向かうキャサリンでしたが, 3 度戻ってきた暴漢にとどめを刺され, 絶命しました。それを見ただれかが警察に通報すると, 2 分ほどでパトカーが来ました。後の調査によれば, 周囲の窓から目撃し

コラム4-1　言葉にならないやさしさ

　欧米と比べて，日本では，「言葉に出さないやさしさ」というものも伝統的に大切にされてきた。

　察するというのは日本独自のコミュニケーションの仕方だと言われるが，何でも言葉に出せばいいというものではない，といった感覚が日本文化には根づいている。

　何か悩んでいそうな相手，落ち込んでいる様子の相手に，
「どうした？　元気ないけど，何かあったの？」
と声をかけるのもやさしさではあるが，人には言いにくいこともあるかもしれない，今は人に話をするような気分ではないかもしれないなどと考えて，あえて何も言わず，そっとしておく，というやさしさもある。

　また，同情されることで自尊心が傷つく場合もある。相手に負担をかけることを非常に心苦しく思う人もいる。そのような相手の場合は，同情の気持ちが湧いても，そっと見守る方がいい。そんなやさしさもあるだろう。

　そっと見守るやさしさは，見かけ上は人に無関心な態度と区別がつきにくいため，ともすると見逃されがちだが，誠実な人ほど，そのようなやさしさをもっていることが多い。

　照れやわざとらしくないかといった懸念から，やさしい言葉をかけられないという人もいる。控え目な人は，わざとらしさを嫌う。そのため，本心では何も心配していないのに，わざとらしくやさしい言葉をかける人の方が，周囲からやさしいとみなされたりする。

　とても繊細なやさしい気持ちをもつ人の場合，相手の気持ちを気遣うあまり，声をかけそびれるということもある。何か声をかけようとしても，思い浮かぶどの言葉も薄っぺらいような気がする。
（中略）
　結局，言葉みたいな表層的なものではすくい取れない深い思いが向こうにもあるだろうし，こっち側のやさしい思いもなかなか言葉になりにくい。
（中略）
　そのような控え目なやさしさは，戦略的な見せかけのやさしさを売り物にする人物が目立つ今日，とても貴重なものと言ってよいだろう。

（榎本博明『「やさしさ」過剰社会』PHP研究所，2016b年より）

ていた人は 38 人もいたのに，だれも警察に通報しなかったのです。はじめに目撃した時点でだれかが通報すればキャサリンは助かったはずです。それなのに，だれも通報しなかったのです。

　ダーリーとラタネ（1968）は，援助行動に関する多くの実験を行い，一緒にいる人数が援助行動の生起を規定する重要な要因であることを発見しました。たとえば，1 人でいるとき，2 人でいるとき，5 人でいるときという 3 つの条件を比較した実験を行っています。結果をみると，援助行動の生起率は，1 人のときは 85％，2 人のときは 62％，5 人のときは 31％となっていました。援助行動が起こるまでの時間は，1 人のときは 52 秒，2 人のときは 93 秒，5 人のときは 166 秒となっていました（表 4-1）。どちらのデータからも，その場に居合わせる人数が多くなるほど援助行動が起こりにくくなることが明らかです。

　なぜ，その場に居合わせた人の人数が多いほど援助行動が起こりにくいのでしょうか。そのような傍観者効果について，ラタネとダーリー（1970）は，責任の分散やモデリングによって説明しました。1 人しかいなければ全面的に自分の責任を感じざるを得ませんが，人数が多いと自分の責任が薄らぎます。それが責任の分散です。また，他の人がとくに援助行動に出ずにいると，それでいいのだと思い込んでしまいます。それがモデリングです。

4.2　攻撃行動

4.2.1　攻撃行動の種類

　攻撃行動は，殴る・蹴るなど身体的な攻撃行動と怒鳴る・意地悪を言うなど言語的な攻撃行動に大別できます。言語的な攻撃行動は，目の前の相手に悪口を言うような直接的攻撃行動と陰で悪口を言うような間接的攻撃行動に分けることができます（図 4-3）。いじめの典型的なパターンである仲間外れなどでは，陰で悪口を広めたりしますが，そこで行われているのが言語的かつ間接的な攻撃行動である関係性攻撃です。関係性攻撃とは，人間関係を悪意で操作するもので，悪い噂を流したり，不信感を煽るように情報をわざと歪めて流した

表4-1　一緒にいる人数と援助行動 (ダーリーとラタネ, 1968)

一緒にいる人数	人数	援助行動の生起率 (%)	援助行動が起こるまでの時間 (秒)
1人でいるとき	13	85	52
2人でいるとき	26	62	93
5人でいるとき	13	31	166

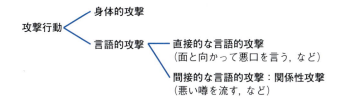

図4-3　攻撃行動の分類

り，仲間外れにしたりすることを指します。

　日本社会に固有にみられる攻撃的な心理に**甘え型攻撃性**があります。すねたり，ひがんだりすることによる攻撃性で，そこには甘えの心理が関係しています（**コラム 4-2**）。土居は，甘えには健康で素直な甘えと自己愛的で屈折した甘えがあるといいますが，甘え型攻撃性はこの後者に相当するものといえます。

　攻撃行動の一種としてのシャーデンフロイデがあります（**コラム 4-3**）。**シャーデンフロイデ**とは，他人の不幸を喜ぶ心理のことですが，つぎのような特徴が指摘されています（澤田，2008；藤井・澤田，2014）。
1. 不幸な目に遭った責任が本人自身にあるとみなされるときに生じやすい。
2. 不幸の程度がそれほど深刻でないときに生じやすい。
3. ターゲットとなる人物の社会的ステイタスが高い場合ほど生じやすい。
4. 女性より男性において生じやすい。

　シャーデンフロイデを生じさせる主な要因は妬みです。発達的にみると，すでに小学生の頃から妬みがシャーデンフロイデを生じさせているというデータもあります。自分より優位に立っている妬みの対象となっている人物にネガティブな状況が発生し，その優位性が揺らぐとき，「いい気味だ」という思いが生じやすいのです。シャーデンフロイデは自尊感情とも関係するようです。自尊感情が低く不安定な者ほど妬みを感じやすいということや，自尊感情の高さが妬みを抑制しシャーデンフロイデを抑制することが報告されています。

4.2.2　ストレスと攻撃性

　欲求不満になると攻撃衝動が高まることは日常生活の場面でだれもが実感しているはずですが，最初に欲求不満―攻撃仮説を提唱したのは，心理学者ダラードたちです。それは，目標に向けて遂行されていた行動が阻止されると欲求不満が生じ，その解消または低減のために攻撃行動が引き起こされるというものです。その後，欲求不満―攻撃仮説に基づいた多くの実験や調査が行われ，その妥当性が支持されています（大渕，2011）。

　シェクターとランド（1974）は，喫煙者に欲求不満を与えることによって攻撃性が高まるかどうかを確認する実験を行っています。大学生に教師役を務め

コラム4-2　甘え型攻撃性

　甘え理論を提唱した土居健郎は，甘えの心理的原型は乳児期に求められ，「甘えの心理は，人間存在に本来つきものの分離の事実を否定し，分離の痛みを止揚しようとすることであると定義することができる」（土居健郎『「甘え」の構造』弘文堂）という。

　つまり，親と子といえどもけっして一心同体ではなく，切り離された別々の個体だという厳然とした事実を受け入れがたく，一体感の幻想にすがろうとする心理が，甘えの基礎になっているというわけだ。

　そして土居は，乳房をくわえて放さないとか，それを咬むといった乳児の憤怒は，攻撃本能の現れには違いないが，単純な攻撃本能の発現ではなく，乳児が母親から拒絶されたと感じるために，その反応として攻撃本能が動員されるのだとする。つまり，乳児の憤怒は，依存欲求の不満に対する反応だというのである。

　土居によれば，甘えたい気持ちがそのままに受け入れられないとき，「すねる」「ひがむ」「ひねくれる」「恨む」といった心理が生じ，そこに被害者意識が含まれるという。

　すなわち，素直に甘えさせてくれないから「すねる」わけだが，すねながら甘えているとも言える。その結果として，「ふてくされる」「やけくそになる」というようなことになる。

　自分が不当な扱いを受けたと曲解するとき「ひがむ」わけだが，それは自分の甘えの当てが外れたことによる。

　甘えないで相手に背を向けるのが「ひねくれる」だが，それは自分の甘えの期待に応えてくれなかったと感じることによる。

　甘えが拒絶されたということで相手に敵意を向けるのが「恨む」である。

　このように甘えが思うように通じないとき，すねたりひがんだり恨んだりするわけだが，そこには被害感情がある。

　お互いに依存し合い，甘えを介してつながっている日本人の人間関係では，甘えが阻止されたときに，欲求不満による攻撃性が生じる。甘えが拒絶されたことによって生じる怒り反応。それが甘え型の攻撃性である。

　そこには，甘えと一見正反対の恨みが生じたりするが，じつはそれらは同じ根っこから生じているのである。

（榎本博明『他人を引きずりおろすのに必死な人』SBクリエイティブ，2016a年より）

させ，生徒役の者に対して学習指導を行わせ，学習がうまくいかないときは罰として電気ショックを与えるように，教師役の学生に指示しました。学習指導は前後2回に分けて行い，その間に休み時間をとりましたが，その休み時間は禁煙としました。教師役の学生には，喫煙習慣をもつ者ともたない者がいました。そして，罰としての電気ショックを学習者にどの程度与えるか，それが休み時間の前後で変化するかどうかが測定されました。その結果，喫煙習慣をもつ学生たちは，後半の学習指導になって電気ショックの使用を増加させたのでした。それに対して，喫煙習慣をもたない学生たちの電気ショックの使用には変化がみられませんでした。ここからわかるのは，喫煙習慣のある者の場合は，禁煙による欲求不満が攻撃性を刺激し，攻撃行動が促進されるということです。

　欲求不満は，生理的欲求の阻止によって生じるだけでなく，社会的欲求の阻止によっても生じます。たとえば，人から嫌なことを言われたり，嫌な態度をとられたり，正当な評価をしてもらえなかったりというようなことが，社会的欲求不満を生じさせると考えられます。実際，他者による拒絶が攻撃性を高め，他者による受容が攻撃性を低下させることが，多くの研究で実証されています（リアリーたち，2006；岡田，2012）。

　トウェンジーたち（2001）は，人から排斥されたと思うことによる欲求不満が攻撃行動を生むかどうかを確かめるための実験を行っています。その実験では，まずはじめに学生集団に共同作業をやらせた後で，つぎの作業でも一緒にやりたいメンバーを選ばせました。他のメンバーから選択された学生と選択されなかった学生に，別の学生とコンピュータ・ゲームをさせたところ，選択されなかった学生は，たとえゲームの相手が自分を拒絶した人物ではなかったとしても，選択された学生よりも強い不快ノイズを与えていました。これは，選択されなかった，つまり排斥されたと思うことで生じた欲求不満が攻撃衝動を発散させる行動を促すことの証拠といえます。

4.2.3　テレビやゲームと攻撃行動

　テレビ視聴と攻撃行動の関係については多くの実証研究が行われています。ドラブマンとトーマス（1974）は，小学校3・4年生を2群に分け，1群にの

コラム4-3　人の不幸は蜜の味

「シャーデンフロイデ」という言葉をご存じだろうか。

これは，他人の不幸を喜ぶ心理のことである。

いわば，「人の不幸は蜜の味」という心理だ。

シャーデンフロイデという言葉の語源はドイツ語だが，この語は欧米で広く使われている。

他人の不幸を喜ぶなんて，倫理的に許されない心理であるため，自分がそんな心理をもっているなんてだれも認めたくないだろう。人の不幸を喜ぶなどというと，どうにも人聞きが悪い。そのため，多くの人は，自分が他人の不幸を喜ぶ気持ちをもっているなどとは思ってもいない。

だが（中略）他人が不祥事で追い込まれたり，失言でたたかれたりするニュースを見て興奮している人たちがいる。芸能人のスキャンダル記事が載っている雑誌が売れるところからしても，他人の不幸をつい喜んでしまうというのは，それほど稀なことではない。

だからといって，人は攻撃的な気持ちをたえず抱えているわけではない。

他人の不幸を喜ぶ気持ちをいつも「もっている」というよりも，何かの弾みで「湧いてくる」瞬間があるようなのだ。どうも人間の心の深層には，意外に意地悪な心理が潜んでいるらしい。

（榎本博明『他人を引きずりおろすのに必死な人』SBクリエイティブ，2016a年より）

み 8 分間暴力シーンの多い西部劇を見せました。それからいずれの群の子にも，別室で遊んでいる 2 人の 4 歳児をビデオ画面で監督し（実際は，前もって録画された同じ映像をすべての子が個別に見ることになります）何か起こったら知らせるようにと言って席を外します。ビデオ画面では，最初のうちはおとなしくしていた 2 人の間に，しだいに攻撃的行動が見られはじめ，だんだんエスカレートしていきます。どこまでいったら大人に知らせるかを調べるのが目的です。結果をみると，事前に攻撃的な映像を見た子のほうが，大人に知らせるまでの時間が長くなっていました（表 4-2）。このことは，攻撃的な映像の視聴が暴力に対する許容的態度を身につけることを意味します。

ペイクとコムストック（1994）は，217 の研究のメタ分析により，テレビの暴力映像が反社会的行動を増加させることを確認しています。テレビの暴力映像と攻撃行動との相関係数の平均は .38，他人への身体的攻撃に限ると $r = .32$，犯罪的暴力に限ると $r = .13$ でした。アンダーソンとブッシュマン（2001）は，暴力的なビデオゲームの影響に関する研究のメタ分析により，暴力的なビデオゲームをすることで攻撃行動が増えることを確認しています。すなわち，暴力的なビデオゲームをすることは攻撃行動（$r = .27$），攻撃的感情（$r = .19$），攻撃的認知（$r = .27$），生理的喚起（$r = .22$）の増加と関係し，援助行動などの向社会的行動（$r = -.27$）の減少と関係していることが示されました。

このように実験室で証明された暴力的なメディアとの接触と攻撃行動との関係は，縦断的研究により実生活のデータでも証明されています。ヒュースマンたち（2003）は，平均年齢 8 歳だった子どもたちが 20 〜 25 歳になる 15 年後に追跡調査した結果，8 歳の頃に暴力的なテレビ番組を常習的に見ていた者は，男女とも大人になったときの攻撃性が高いことを確認しています。たとえば，8 歳の時点で暴力的の番組の視聴時間が上位 4 分の 1 に入っていた男性のうち犯罪を犯した者の比率は 11％（それ以外の男性では 3％），過去 1 年間に配偶者を押したりつかんだり突き飛ばしたりした者の比率は 42％（それ以外の男性では 22％），過去 1 年間に腹を立ててだれかを突き飛ばした者の比率は 69％（それ以外の男性では 50％）と，攻撃行動をとる人物の比率の高さが目立ちました。女性でも，8 歳時に暴力番組の視聴時間の上位 4 分の 1 に入る者では，

表4-2 攻撃的な映像との接触と暴力に対する許容的態度
（ドラブマンとトーマス，1974）

(a) 大人に知らせるまでの時間（秒）

	男子	女子
攻撃的な映像を見た群	104	119
映像を見ない群	63	75

（$p < .05$ で有意差）

(b) 身体的攻撃が始まる前に大人に知らせるかどうか（人数）

	始まる前に知らせた	始まってから知らせた
攻撃的な映像を見た群	3	15
映像を見ない群	11	8

（$p < .01$ で有意差）

過去1年間に配偶者に物を投げた者の比率は39%（それ以外の女性では17%），過去1年間に腹を立ててだれか大人を殴ったり首を絞めたりした者の比率は17%（それ以外の女性では4%）となっており，男性同様に攻撃行動の高さが目立ちました（ヒュースマン，2007；表4-3）。

ただし，暴力的なメディアとの接触がだれに対しても同じような影響を与えるわけではありません。そのことを示したブッシュマン（1995）の青年を対象とした実験では，性格特性としての攻撃性が高い者，中程度の者，低い者に分け，それぞれ半数には暴力的な映画を，もう半分には非暴力的な映画を見せ，その影響を調べています。その結果，性格特性としての攻撃性が高い者においてのみ，暴力的な映画を見ることで攻撃性が高まっていました。性格特性としての攻撃性が中程度の者や低い者では，そのような影響はみられませんでした。そこから，もともと攻撃性の高い者にとって，暴力的な映画は攻撃性をさらに引き出す効果があるのではないかと結論づけています。こうしてみると，アメリカでは暴力的メディアとの接触が攻撃行動を誘発することが多くの研究によって証明されていますが，元々の攻撃性がアメリカ人より日本人のほうが低いことを考えると，アメリカで得られた知見がそのまま日本人にあてはまるわけではないので，慎重に検討する必要があります。

4.2.4　攻撃性を促進する認知の歪み

性格特性としての攻撃性は，認知傾向と関係していると考えられます。人を攻撃しがちな人を見ていると，ふつうなら何も感じない言動にも悪意を読み取って怒り出すなど，認知の歪みがあるように感じることが多いものです。攻撃的な認知の歪みについて考える際に重要なのが手がかりの解釈です。同じようなことを言われても，「侮辱された」と解釈して怒り出す人もいれば，「ユーモアのあるからかい」と解釈して一緒になって笑う人もいます。相手の言動をどのように解釈するかによって，その後の反応に大きな違いが出てきます。攻撃的な人に漂う敵意は，この解釈に起因するところが大きいと考えられます。そこにあるのが何でも悪意に解釈する認知の歪みです。

ディルたち（1997）やアンダーソンたち（1998）は，実験的手法を用いて，

表 4-3　児童期の暴力的なメディアとの接触と成人後の攻撃行動
（ヒュースマン，2007 より作成）

【児童期暴力的番組高接触群】（8 歳時に暴力的番組の視聴時間が上位 4 分の 1）	
男　性	
犯罪を犯した者	11%
過去 1 年間に配偶者を押したりつかんだり突き飛ばしたりした者	42%
過去 1 年間に腹を立ててだれかを突き飛ばした者	69%
女　性	
過去 1 年間に配偶者に物を投げた者	39%
過去 1 年間に腹を立ててだれか大人を殴ったり首を絞めたりした者	17%
【児童期暴力的番組低接触群】（8 歳時に暴力的番組の視聴時間が下位 4 分の 3）	
男　性	
犯罪を犯した者	3%
過去 1 年間に配偶者を押したりつかんだり突き飛ばしたりした者	22%
過去 1 年間に腹を立ててだれかを突き飛ばした者	50%
女　性	
過去 1 年間に配偶者に物を投げた者	17%
過去 1 年間に腹を立ててだれか大人を殴ったり首を絞めたりした者	4%

攻撃的な性格の人はあいまいな言葉ややりとりを敵意のあるものに解釈する傾向が強いことを示しています。このような認知の歪みを**敵意帰属バイアス**といいます。それは，他者の言動を敵意に帰属させる，つまり敵意を持っているからだとみなす認知傾向の歪みのことです。敵意帰属バイアスをもつ人物ほど，自分に敵意を向けてくる相手への報復という意味で，相手に対して攻撃行動を示しやすくなります。

　暴力的犯罪者や非行者には敵意帰属バイアスが顕著にみられるという研究報告もありますが，ごくふつうの人でも，敵意帰属バイアスを強く示す人ほど攻撃行動をとりやすいことが多くの研究によって証明されています。たとえば，敵意帰属バイアス傾向の強い者ほど，報復としての攻撃行動に出やすいことや，友だちを仲間外れにしたり無視したりといった関係性攻撃が目立つことが示されています（ドッジとコイー，1987；クリックとグロートピーター，1995）。

　共感性，とくに視点取得（他者の視点に立ってものをみることができること）は，攻撃行動を抑制するように作用すると考えられます。たとえば，リチャードソンたち（1994）は，共感性が攻撃感情や対立的な反応と負の関係にあること，また相手の視点に立ってみるように言われた者はそうでない者より攻撃的な反応を示すことが少ないことを証明しています。ここからいえるのは，視点取得ができず共感性が低い場合に，攻撃的な反応をしがちになるということです。この視点取得も，認知傾向の一種とみなすことができます（図4-4）。

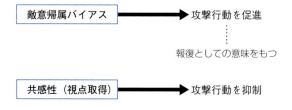

図 4-4　敵意帰属バイアスと共感性

性格と人間関係

5.1 人間関係に対する不安や恐怖

5.1.1 対人不安

性格と人間関係の関連でとくに問題となるのは対人不安です（コラム 5-1）。**対人不安**とは，バス（1986）によれば，人前に出たときに感じる不快感のことです。フェニクスタインたちは，表 5-1 のような尺度で対人不安傾向をとらえようとしています。日本人には，いくつもの項目があてはまる人が多いのではないでしょうか。

対人不安は，対人的場面に関連した不安ですが，それには人に見られる自分の姿に対する自信ばかりでなく，自分に対する自信全般が関係していると考えられます。大学生活に満足している者より不満足な者のほうが対人不安が強いといったデータもありますが（武蔵たち，2012），うまく適応できていないことによる自信のなさが対人不安につながっていると考えられます。

榎本たち（2001）は，自己評価や自分の過去および未来への態度と対人不安の関係を検討し，自己評価の低さが対人不安を最も強く規定し，また自分の過去へのとらわれや過去の拒否の強さ，および未来の不明確さが対人不安の強さにつながることを明らかにしています。横井と榎本（2002）も，自分の過去にとらわれ，よく後悔し，消したい過去があり，過去をよく思い出し，思い出すととても嫌になる出来事があり，書き換えたい過去がある者ほど対人不安が強く，自分の過去に満足しており，自分の過去が好きで，明るい思い出が多い者ほど対人不安が弱いことを見出しています。自分の過去に対して否定的な傾向は自信のなさに通じると考えられるので，これも自信のなさが対人不安につながることの証拠といえます。

人間関係が苦手という人の多くは，人との距離のとり方がわからなくて悩むといいます。とくにそれが身近な人間関係の場合は，フロイトのいう**ヤマアラシ・ジレンマ**状況といえます。これは，ショーペンハウエルが描いたエピソードをもとにフロイトが精神分析に導入した概念で，人と人の間の心理的距離をめぐる葛藤とアンビバレンスのことです。距離を置きすぎるとすきま風が吹いて寒いけれども，近づきすぎると自分のトゲで相手を刺してしまいます。つま

表 5-1 対人不安尺度（フェニクスタインたち，1975；榎本 訳）

1. 初めての場に慣れるのに時間がかかる。
2. 人に見られていると仕事に集中できない。
3. とても照れ屋である。
4. 人前で話すときは不安になる。
5. 大勢の中では気を遣って疲れる。

コラム5-1　人づきあいに気を遣って疲れる

　対人不安の話をすると，多くの人が自分も対人不安が強いといって相談に来る。学生に話したときも，子育てしている母親たちに話したときも，そのような反応が多い。そして，自分自身について，つぎのように語る。
「誰かから話しかけられたらどうしようという気持ちが強くて，学校ではいつも緊張している」
「進学したり，クラス替えしたりするたびに，うまくやっていけるか不安が強かったけど，いまだに慣れないし，就職して新たな人間関係のなかでちゃんとやっていけるか不安」
「断られるのが怖くて，友だちを自分から誘えない」
「高校でも，大学生になっても，グループができると，そのなかでしかつきあわない傾向があり，みんな対人不安が強いように思う」
「相手からどう思われるかがとても気になり，自分をさらけ出すことができない」
「相手から好意をもってもらえるか不安で，嫌われないかといつも脅えている」
「相手によく思われたい気持ちが強くて，無理して合わせたり，つまらないと思われないように必死になってしゃべったりしている」
「相手のノリが悪いと，やっぱり自分の話はつまらないんだと思って落ち込んでしまい，ますます気まずい感じになる」
（榎本博明『傷つきやすくて困った人』イースト・プレス，2016年より）

り，ヤマアラシ・ジレンマとは，ショーペンハウエルのエピソードでいえばヤマアラシが自分のトゲで身近な相手を刺して傷つけてしまうこと，フロイト流にいえばついわがままになって自己愛のトゲで身近な相手を刺して傷つけてしまうことを指します．友だちにも気を遣うという最近の若者にみられる心理状況は，まさにヤマアラシ・ジレンマ状況に相当するものといってよいでしょう（**コラム 5-2**）．

　シュレンカーとリアリィ（1982）は，対人不安とは，現実の，あるいは想像上の対人的場面において，他者から評価されたり，評価されることを予想することによって生じる不安である，としています．この定義は，バスの定義と比べて，対人不安が生じる心理メカニズムにまで踏み込むものといえます．さらに，シュレンカーとリアリィは，好ましい自己像を呈示しようという自己呈示欲求が強いほど，また自己呈示がうまくいく主観的確率が低いほど，対人不安傾向が強くなるという，対人不安を自己呈示に結びつけたモデルを提起しています．

　この定義およびモデルに基づけば，自分が他者の目にどのように映っているか，あるいは映ると予想されるかをめぐる葛藤により生じる不安が対人不安である，ということができます．したがって，対人不安の強い人は，他者の目に映る自分の姿が自分の望むようなものになっていない，あるいはならないのではないかといった不安の強い人だといえます．自己呈示に絡めると，対人不安の強い人とは，効果的に自己呈示をすることで他者の目に映る自分の姿を自分にとって望ましい方向にもっていけるという自信の乏しい人ということができます．そこには自己モニタリングが関係していますが，それについては自己モニタリングの項（5.1.3）で解説します．

5.1.2　社交不安障害

　対人不安が極度に強まった状態が**社交不安障害**です．いわば，他者から注目を浴びたり評価されたりする可能性のある状況に対して，極度の不安や恐怖を抱き，社交場面を極力避けようとすることで，現実生活に支障をきたす状態のことです．アメリカ精神医学会の診断基準である DSM-5 における社交不安障

コラム5-2　ヤマアラシ・ジレンマ

　ある寒い冬の日，凍えそうになったヤマアラシの群れが，お互いの身体を温め合おうと身を寄せ合った。そうすることで冷たい風にさらされる部分が減るため，温かくなる。「これは温かいぞ，もっと近づこう」とさらに距離を縮めると，お互いのトゲが相手に突き刺さり，痛みが走る。「痛っ！」と飛び退く。だが，離れると寒風にもろにさらされて寒くて仕方ない。そこで再び近づく。温かい。さらに近づく。痛い。飛び退く。寒い。こんなことを何度も繰り返した末に，ヤマアラシたちは，お互いに傷つき合わずに温め合うことができる適度な距離をとることができるようになった。
（ショーペンハウエルによる寓話とフロイトによるその紹介をもとに，わかりやすい形に再構成した。）
（榎本博明『近しい相手ほど許せないのはなぜか』角川マガジンズ，2012年より）

害の定義の概要は，表5-2の通りです。また，社交不安障害の特徴として，対人場面における他者の言動の意味に対する解釈の歪みも指摘されています（アボットとラピー，2004；相澤，2015；アミンたち，1998；アスマンドソンとスタイン，1994；ヒルシュとクラーク，2004；ストーパとクラーク，2000）。典型的な認知の歪みとして，以下のような傾向を指摘することができます。

1. 他者の否定的な言葉に注意が向きやすい。
2. 他者の言動の意味を否定的に解釈しがち。
3. 自分の言動が与えた印象を否定的に評価しがち。

5.1.3　自己モニタリング

　スナイダーは，自分自身の感情表出行動や自己呈示を観察しコントロールする性質には個人差があることを指摘し，そうした個人差を説明するものとして，自己モニタリングという概念を提起しました。スナイダー（1974）によれば，自己モニタリングとは，自分の感情表出行動や自己呈示を観察し調整することを指します。

　自己モニタリング傾向の強い人は，自分がどのように見られるかについての関心が強く，それゆえ自分の行動の適切さに対する関心も強くなります。そのため，他者の感情表出行動や自己呈示に敏感で，そうした情報を用いて自分の行動をモニターする傾向があります。このように，状況に合わせて自分の行動を柔軟に調整する傾向が強いため，状況による行動の変動が生じやすいといった特徴もみられます。自己モニタリング傾向が適度にあることが社会適応につながりますが，強すぎると自分を抑えすぎて，ストレスを溜め込むことにもなります。

　逆に，自己モニタリング傾向の弱い人は，人からどう見られるかとか自分の行動が社会的状況にふさわしいかどうかにはあまり関心がありません。したがって，自分の行動をモニターする傾向が弱く，自分自身の内的特性に則った行動をとるため，状況に関係なく一貫した行動をとりがちとなります。そのため，時に場にそぐわない言動を平気でとることにもなります。

　自己呈示がうまくできる人とできない人を分ける要因の一つとして，この自

表 5-2 　社交不安障害の定義（DSM-5）の概要（吉永と清水，2016 の表現をご く一部だけ修正）

- 他者の注視を浴びる可能性のある 1 つ以上の社交場面に対する，著しい恐怖または不安。例として，社交的なやりとり，見られること，他者の前でなんらかの動作をすることが含まれる。
- ある振る舞いをするか，または不安症状を見せることが，否定的な評価を受けることになると恐れている。
- その社交的状況はほとんど常に恐怖または不安を誘発する。
- その社交的状況は回避され，または，強い恐怖または不安を感じながら耐え忍ばれる。
- その恐怖または不安は，その社交的状況がもたらす現実の危険や，その社会文化的背景に釣り合わない。
- その恐怖，不安，または回避は持続的であり，典型的に 6 カ月以上続く。
- その恐怖，不安，または回避は，臨床的に意味のある苦痛，または社会的，職業的，または他の重要な領域における機能の障害を引き起こしている。

社交不安障害の非常に簡便な診断尺度として，コナーたち（2001）は，以下の 3 項目を提案しており，これらがあてはまれば社交不安障害とみなします。
1. 人前でまごつくのを恐れるせいで，何かをするのを避けたり，人と話すのを避けたりすることがある。
2. 人から注目されるようなことは避ける。
3. 人前でまごついたり，間抜けに見られたりすることを何より恐れる。

社交不安障害があてはまる人にみられがちな特徴として，失業率の高さ，所得の低さ，最終学歴の低さ，既婚率の低さ，離婚率の高さ，QOL の低さ（デビッドソンたち，1993；サフレンたち，1997；シュナイアーたち，1992；スタインとキーン，2000）などがあげられます。ただし，社交能力が重視される程度には文化差があるため，アメリカを中心に行われた研究の成果がそのまま日本人にあてはまるわけではないことに注意が必要です。

己モニタリング傾向があります。ゆえに，自己モニタリング傾向は，自己呈示と関連づけて研究されています。そこでは，自己モニタリング傾向は，他者の言動の意味を解釈する能力（解読能力）と自分の言動を調整する能力（自己コントロール能力）の2つの側面からとらえることになります。つまり，他者の反応を見ながら自分の言動が適切かどうかを知る能力と，適切な言動をとるために自分の言動を場にふさわしい方向へと調整する能力です。レノックスとウォルフ（1984）は，他者の表出行動への感受性と自己呈示の修正能力という2因子からなる自己モニタリング尺度を作成しています（表 5-3 に例示）。

5.2 人間関係と性格の関連

5.2.1 自己の開放性

対人的開放性を表す指標として，従来は社会的外向性（社交性）が用いられていましたが，筆者はそれに加えて自己開示性も加え2次元で対人的開放性をとらえることを提唱してきました。

社会的外向性は，日本でもっとも広く用いられている性格検査であるYG性格検査の12尺度の一つにもなっており，ビッグ・ファイブという呼び名が広まっている性格の基本的な5因子の一つにもなっています。YG性格検査によれば，社会的外向性とは，人と接するのが好きな社交的傾向のことです。チークとバス（1981）は，社交性を他者と一緒にいることを好む性質とした上で，表 5-4 のような社交性尺度を作成しています。これらの項目があてはまるほど社交性が高いことになります。

社会的外向性の高い人は，だれとでも適当に楽しく雑談することができ，初対面の相手やよく知らない相手を前にしても緊張せず，慣れ親しんだ相手を前にしたときと同じようにごく自然に振る舞うことができます。社会的外向性の低い人は，人と話す際に何を話したらよいかの判断が即座にできないため，初対面の相手やよく知らない相手を前にすると緊張し，慣れ親しんだ相手を前にしているときとはまるで別人のようにぎこちなくなります。このように，チークとバスの尺度項目にはありませんが，初対面の相手やよく知らない相手にも

表 5-3　自己モニタリング尺度を構成する 2 因子（レノックスとウォルフ，1984 より抜粋；榎本 訳）

【「他者の表出行動への感受性」因子の主な項目】
- 相手の目を見ることで，自分が不適切なことを言ってしまったことにたいてい気づくことができる。
- 他者の感情や意図を読み取ることに関して，私の直観はよくあたる。
- 誰かが嘘をついたときは，その人の様子からすぐに見抜くことができる。
- 話している相手のちょっとした表情の変化にも敏感である。

【「自己呈示の修正能力」因子の主な項目】
- その場でどうすることが求められているのかがわかれば，それに合わせて行動を調整するのは容易い（たやすい）ことだ。
- どんな状況に置かれても，そこで要求されている条件に合わせて行動することができる。
- いろんな人たちやいろんな状況にうまく合わせて行動を変えるのは苦手である。
（逆転項目）
- 相手にどんな印象を与えたいかに応じて，つきあい方をうまく調整することができる。

気後れせずにすぐに馴染めるかどうかも，社会的外向性の指標といってよいでしょう。

　一方，**自己開示性**は，自分の内面を率直に他者に伝える傾向を指します。人づき合いの中で，何かにつけて率直に胸の内を明かす人もいれば，あまりホンネの部分は明かさない人もいます。前者は自己開示性の高い人，後者は自己開示性の低い人ということになります。自己開示性は，表3-1のような測定尺度でとらえます。それによって，自己開示をよくしているかあまりしていないか，自己のどのような領域をよく開示しているかなど，自己開示の仕方の特徴をとらえます。

　自己開示性も，対人的開放性を表しますが，社会的外向性とは別の次元に関するものとみなすべきでしょう。たとえば，だれとでも気軽に話すことができ，話術に長け，場を和ませるのが上手な社会的外向性の高い人の中にも，内面にふれるような話題は巧みに避けるため，内面がなかなか窺い知れない，得体の知れない感じの人もいます。そのような人は，社会的外向性は高いけれども自己開示性は低い人物といえます。反対に，よく知らない人たちと話すのは緊張するし気疲れするため，社交の場を極力避けようとする社会的外向性の低い人の中にも，朴訥（ぼくとつ）ではあっても常にホンネを率直に語るため，内面がそのまま伝わってくる感じの人もいます。そのような人は，社会的外向性は低いけれども自己開示性は高い人物といえます。こうした観点から，筆者は，人に対して開放的かどうかをとらえる際に，社会的外向性と自己開示性を交差させてとらえることを提唱しているのです。そうすると，対人的開放性は，社会的外向性と自己開示性の両方とも高いタイプ，どちらか一方のみが高いタイプ，両方とも低いタイプの4つのタイプに類型化することができます（図5-1）。

5.2.2　エゴグラムからみた人間関係の特徴

　人間関係に現れる性格的な特徴をとらえようという際に，わかりやすい枠組みを与えてくれるのがエゴグラムです。これは，精神医学者バーンの交流分析をもとにデュセイが考案したものです。デュセイによれば，**エゴグラム**とは，それぞれの性格の各部分同士の関係と，外部に放出している心的エネルギーの

表 5-4　**社交性の尺度**（チークとバス，1981；榎本 訳）

1. 人と一緒にいるのが好きだ。
2. 人づきあいの場には喜んで出かけていきたい。
3. 一人で仕事するよりも，人と一緒に仕事するほうが好きだ。
4. 人とつき合うのは何にも増して刺激的なことだ。
5. いろいろな人づきあいの場をもつことができないとしたら，それは不幸なことだ。

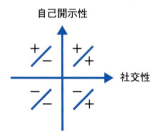

図 5-1　**自己の開放性の2次元**

量を棒グラフで示したものです（東京大学医学部心療内科 TEG 研究会，2002）。

交流分析では，人はみな親の心と大人の心と子どもの心をもっており，大人の心は批判的な心と養育的な心に分けることができ，子どもの心は自由な心と順応した心に分けることができるとみなします。したがって，人はだれも5つの心をもつということになります。それら5つの心のもつ特徴は，以下のようにまとめることができます。

批判的な親の心（CP；Critical Parent）は，叱る，命じる，罰するといった批判的で厳しい心，理想の実現をめざす心，良心や責任感を伴った強い心など，いわゆる父性的な心を指します。

養育的な親の心（NP；Nurturing Parent）は，人の気持ちに同情する，慰める，許すといった共感的で受容的な心，人をやさしく保護し面倒見がよく養育的な心など，いわゆる母性的な心を指します。

大人の心（A；Adult）は，ものごとを事実に基づいて冷静に判断し，状況を的確に把握する現実的で理性的な心を指します。

自由な子どもの心（FC；Free Child）は，天真爛漫に感情を表出する無邪気な心，何にも縛られずに思いのままに行動する自発的で自由奔放な心を指します。

順応した子どもの心（AC；Adapted Child）は，人の言うことを素直に聞き，自己主張を抑えて人に合わせる従順な心，人からどう見られているかを気にし，人の期待に応えようとする心を指します。

これら5つの心のうち，どれが強くてどれが弱いかをグラフ化して示したものがエゴグラムです。5つの心の偏りが，人間関係面からみたその人らしさを表すことになります。図 5-2 は，5つの心それぞれが表す人間関係上の特徴を整理したものです。

5.2.3　コミュニケーション力

引きこもりの時代とかオタクの時代などといわれるように，他者とのコミュニケーションを苦手とする若者が増えているため，新卒採用時なども多くの企業がコミュニケーション力をとくに重視するようになっています。このことは，

親心 P		
批判的な親心 CP	+	理想の実現，良心，正義感，責任感，けじめ，罰する，強さ，厳しさ
		厳しく鍛える，命じる，叱る，必要に応じて罰する
父性	−	権力を振りかざす，非難がましい，口うるさい
養育的な親心 NP	+	思いやり，共感，同情，保護，許す，理解，やさしさ
		愛情深く共感する，やさしく慰める，善悪を超えて丸ごと受け入れる
母性	−	甘やかし，黙認，おせっかい
おとな心 A		
おとな心 A	+	理性的，適応的，的確な情報収集，事実に基づく判断，冷静な状況分析
		現実感覚をもって冷静に状況を分析，物事を理性的に判断，適応的な行動に導く
現実性	−	知性化，利己主義，抜け目のなさ，人間味のなさ
子ども心 C		
自由な子ども心 FC	+	自発性，天真爛漫，無邪気さ，自由奔放さ，自由な感情表現，積極性，旺盛な好奇心
		なにものにも縛られない，ありのままに自分を表す，生き生きしている
奔放性	−	衝動的，わがまま，残酷，無責任
順応した子ども心 AC	+	従順，素直，権威に従う，我慢，感情の抑制，他人を気遣う
		素直な良い子として保護を受ける，自分を抑えて人に合わせる
従順性	−	主体性の欠如，消極的，不満を溜め込む，うじうじする，人の顔色をうかがう

図 5-2　エゴグラムの5つの心と人間関係の特徴（榎本，2004）

性格の中でも，人とのコミュニケーションに関係する特性が未発達な者が多いことの表れといえます。

人とのコミュニケーションに関係する性格特性として，社交性，自己開示性，傾聴性，自己主張力，感情表現力，他者への配慮，共感性，指導性などをあげることができます。そこで，これらを表す項目群をもとに尺度構成し，検討を行った結果，6因子からなるコミュニケーション力尺度が開発され（表 5-5），その妥当性が検証されました（榎本，2006）。この尺度で測定されたコミュニケーション力が高いほど肯定的なライフイベントを経験しており，とくに対課題よりも対人関係上の肯定的なライフイベントをよく経験していました。6つの因子すべてが対人関係上の肯定的なライフイベントと有意な正の相関を示しましたが，とくに社交性，感情表現力，傾聴性，自己開示性，他者理解力の相関が高めで，これらが対人関係を良好に保つことに関係していることがわかりました。

5.3 性格と人間関係の病理──とくに自己愛過剰について

自己愛の強い人のイメージを学生たちにあげてもらい，共通項を整理すると，つぎのようになりました。自分がほめられないと気が済まない。他人よりも優れているように見られたい気持ちが強い。自分より優れている人に対して激しく嫉妬する。自分の見かけばかり気にする。カッコつける。自慢話ばかりする。他人の都合や気持ちを考えない。自分のことばかり優先する。自分のことばかりしゃべりたがる。うぬぼれが強い。自分が場の中心でないと我慢できない。自分がよく知らない話題で盛り上がっていると機嫌が悪くなる。みんなが自分に注目してくれないとすねる。周りが自分に合わせてくれるのが当然と思っている。自分以外の人がほめられると機嫌が悪くなる。持ち上げられないと機嫌が悪くなる。一般に自己愛が強い人というと，このようなイメージをもたれているようです。どれもある程度はだれもがもっている心理傾向といえますが，このような心理傾向がとくに強い場合，自己愛の病理とみなすことになります。

自己愛が異常に強い人物は，自己愛性人格障害とされます。**自己愛性人格障**

表 5-5　コミュニケーション力尺度の 6 因子（榎本，2006）

1. 社交性
慣れない相手に対しても気後れせず，場にふさわしい会話ができる性質。
2. 自己開示性
自己防衛的に身構えず，率直に自分をさらけ出す性質。
3. 自己主張力
自分の考えを理路整然と表現し，相手に説得的に働きかけることができる性質。
4. 感情表現力
自分の気持ちをうまく表現し，相手の気持ちに訴えることができる性質。
5. 他者理解力
周囲の人に関心をもち，相手の気持ちや考えを汲み取ることができる性質。
6. 傾聴性
相手の言葉にじっくり耳を傾け，相手の自己開示を引き出す性質。

害とは，自分は特別という意識を極端に強くもっており，自分が活躍する夢を誇大妄想的に抱いているタイプを指します。人からほめられたい，自分には他の人よりも優れたところがある，自分はこんなところに埋もれている人間じゃない，などといった意識は，とくに病的な人でなくても，心の中に抱えていたりします。それが極端に強く，誇大妄想的になったのが，自己愛性人格障害ということになります。誇大性，賞賛されたい欲求，共感性の欠如などが，このタイプの特徴です。

　そのような人物は，自分は特別といった意識ゆえに，自分の成功のためには平気で人を利用したりします。自分は特別だという思いがあるため，何でも許されるといった意識があるのです。根拠のない優越感であるため，心の中には自信のなさを抱えており，その不安を拭い去ろうとするかのように人からの賞賛を求めます。それゆえ，人からの評価に過敏で，持ち上げてもらえないと脆い自尊心が傷つき，攻撃的になったりします。周囲から高く評価されている人物には強い妬みによる攻撃性を示します。このような過剰な自己愛をもつ人物は，当然のことながら，周囲からは自分勝手で鼻持ちならない人物とみなされます。そのような意味で，自己愛の過剰は，人間関係の病理につながる性格といえます。

　ただし，**自己愛の過剰**には，誇大性と過敏性の2つの側面があります。ギャバード（1989）は，自己愛性人格障害を誇大型と過敏型という両極をもつ連続体でとらえようとしています（図5-3）。一つの典型が誇大型で，自己顕示的で他者の反応には鈍感なタイプです。もう一つの典型が過敏型で，他者の反応に敏感で，注目されるのを避けるタイプです。アメリカ精神医学会の診断マニュアルで自己愛性人格障害とされているのは，この分類でいくと誇大型のほうです。一方，日本で目立つ自己愛過剰の病理は，この分類の過敏型といえます。過敏型の特徴として，人の反応に過敏，内気で自己抑制的，人のことを気にする，注目されることを避ける，人からバカにされたり批判されたりしないかと気にする，傷つきやすいなどがあげられます。

　自己愛性人格障害の2分類にならって，一般の人たちの自己愛過剰を誇大型と過敏型に分ける性格類型も提唱されています。誇大型自己愛とは，自分は特

| 誇大型 | ……自分は特別といった意識が強く，自己顕示的で他者の反応には鈍感なタイプ。 |

| 過敏型 | ……他者の反応に敏感で，注目されるのを避ける，自己抑制的なタイプ。 |

‖

人の反応に敏感。
内気で自己抑制的。
人のことを気にする。
注目されることを避ける。
人からバカにされたり批判されたりしないかと気にする。
傷つきやすい。

図 5-3　自己愛過剰の 2 つのタイプ

別という意識が強く，自己顕示的なタイプです。一方，過敏型自己愛とは，他者の反応に過敏で自己抑制的なタイプです。

中山と榎本（2006）は，過敏型自己愛に相当する自己愛的脆弱性についての検討を行っています。自己愛的脆弱性とは，自己の価値や存在意義と関連した不安や傷つきを処理し，肯定的自己評価や心理的安定を維持する能力の脆弱性のことです（上地・宮下，2005）。すなわち，自己愛的脆弱性は，否定的な自己評価や心理的不安定を意味するので，ビッグ・ファイブの中の神経症傾向ととくに関係すると考えられます。検討した結果，予想通り神経症傾向ととくに強い関連が示されました（表 5-6）。自己愛的脆弱性は，目的感の希薄さ，承認・賞賛への過敏さ，自己顕示抑制，自己緩和不全，潜在的特権意識の5因子でとらえられていますが，重回帰分析の結果，神経症傾向がこれら5つの因子すべてに影響を与えており，自己愛的脆弱性の基礎にはビッグ・ファイブの神経症傾向が強く影響していることが示されました（図 5-4）。

5.3 性格と人間関係の病理――とくに自己愛過剰について

表 5-6 Big Five 尺度と自己愛的脆弱性尺度の相関 (中山と榎本, 2006)

	自己愛的脆弱性				
	目的感の希薄さ	承認・賞賛への過敏さ	自己顕示抑制	自己緩和不全	潜在的特権意識
Big Five					
外向性	−.227**	−.069	−.235**	.215**	−.076
神経症傾向	.449***	.562***	.493***	.344***	.488***
開放性	−.103	.009	−.031	.033	.157†
誠実性	.292***	.259**	.169*	.115	.172*
調和性	−.060	.152†	−.136†	.177*	.109

*$p<.05$, **$p<.01$, ***$p<.001$

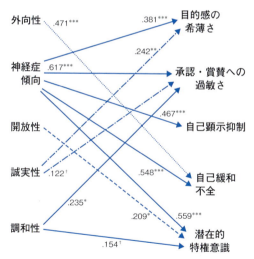

図 5-4 Big Five 5 因子と自己愛的脆弱性因子の影響関係 (中山と榎本, 2006)

自己概念と
人間関係

6.1 人間関係の中でつくられる自己概念

6.1.1 鏡映自己

　クーリー（1902）は，ジェームズの社会的自己の概念を継承・発展させた社会学者ですが，自己というのはすべて社会的自己であり，それは他者の目に映ったものであるという意味で，鏡映自己と呼ぶことができるといいます（図6-1）。鏡映自己の意味するところは，自分の容貌が顔を鏡に映さないとわからないように，自分の心の特徴も他人を鏡にしないとわからないということです。人との関わりを通して，自分がどういう人間であるか，つまり自己概念を知ることができるのです。ゆえに，人との関わりが乏しいと，自己概念もぼやけることになります。このことを考える参考として，自己の鏡像理解についてみてみましょう。

　ギャラップ（1977）は，チンパンジーの部屋に鏡を置いたときの反応を調べています。それによれば，はじめのうちは鏡像を他のチンパンジーとみなしているかのように鏡像に向かって跳びはねたり，声を出したり，威嚇したりといった社会的反応を示します。ところが，そうした反応は2〜3日で急減し，それに代わって直接見えない部分の毛繕いをしたり，歯の間に挟まった食べかすをほじくったり，鏡に向かっていろんな顔つきをするなどの自分自身に向けた反応が急速に増えていきました。

　さらに，チンパンジーの鏡像の自己認知が確かなものかどうかをはっきりさせるため，10日間の実験で十分に鏡に慣れた11日目に，チンパンジーを麻酔で眠らせておいて眉毛や耳の上に無臭の赤い染料を塗り，鏡がないときと鏡を入れてからの反応を比較しました。その結果，赤いしるしのついた自分の身体の部分を触る反応は，鏡を置くことによって鏡がないときの25倍にも増えました（図6-2）。このことは，チンパンジーが鏡像を自己の姿の反映だと理解している証拠といえます。

　ルイスとブルックス-ガン（1979）は，ギャラップと同じ方法を人間の子どもに適用し，乳幼児の鼻の頭にこっそり赤いしるしをつけてから鏡の前に立たせたときの反応について報告しています。それによれば，鏡に映った自己の像

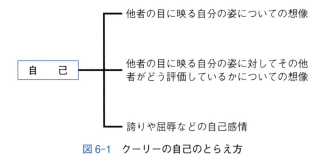

図 6-1　クーリーの自己のとらえ方

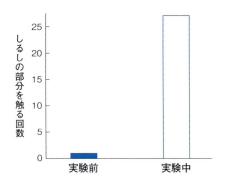

図 6-2　チンパンジーの鏡像認知（ギャラップ，1977）

を見て自分の鼻に手をもっていった者の比率は，9〜12カ月児では0％でしたが，15〜18カ月児では25％，21〜24カ月児になると75％になりました。これは，2歳になる頃から鏡像の自己認知がしっかりとできるようになることを示唆するものといえます。

さらに，ギャラップは，先にみた実験と同じく，チンパンジーの顔に赤いしるしをこっそりつけて，鏡のある部屋に1匹ずつ入れました。その際，生後まもなく隔離して育てられたチンパンジーと，仲間と一緒に育ったチンパンジーの反応を比較しました。その結果，隔離され，他者認知の経験をもたないチンパンジーには，鏡像の自己認知が困難であることがわかりました（図6-3）。ここから示唆されるのは，鏡像の自己認知ができるようになるためには，仲間との視線のやりとりを十分に経験していることが必要だということです。

このような鏡像実験は，私たちが自己概念を獲得する心理メカニズムに関して大きなヒントを与えてくれます。つまり，周囲の人たちとのやりとりを通して，「他の人たちから見ると，自分はこんなふうに見えるんだ」ということがわかるのは，身体面の自己概念についてだけあてはまるのではなく，性格的特徴などの内面に関する自己概念にもあてはまると考えることができます。鏡映自己という概念には，そのような意味が含まれているのです。

6.1.2　自己概念と他者による承認

アイデンティティの概念を心理学に導入し，その発達を心理学的に探求したエリクソンは，アイデンティティに関して，「自我が特定の社会的現実の枠組みの中で定義されている自我へと発達しつつある確信」（エリクソン，E. H.（著）小此木（訳編），1973）であり，その感覚を自我同一性と呼びたいとしています。さらに，「その主観的側面からみると，自我同一性とは，自我のさまざまな総合方法に与えられた自己の同一と連続性が存在するという事実と，これらの総合方法が同時に他者に対して自己がもつ意味の同一と連続性を保証する働きをしているという事実の自覚である」といいます。もう少しわかりやすくいえば，エリクソンのいうアイデンティティの感覚には，表6-1にまとめた3つの側面があるといってよいでしょう。

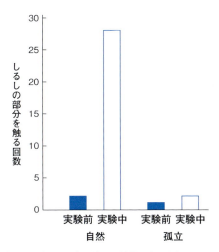

図 6-3　自然/孤立チンパンジーの鏡像認知（ギャラップ, 1977）

表 6-1　アイデンティティの感覚の3つの側面

1. 自分というまとまりがあり，それが時間的に連続性を保っているという感覚。
2. そのような自分らしさを他者も認めているという感覚。
3. 自分が社会的役割を担う存在になっているという感覚。

ここで注目すべきは，表の2と3です。これらがアイデンティティ確立の条件として他者からの承認が必須だということ，それには集団の中で何らかの役割を引き受けることが必要であることを示しています。他者からの承認は，所属する集団において何らかの役割を引き受けることで手っ取り早く得ることができます。このあたりの事情について，アイデンティティの発達を研究しているクロガーは，つぎのように述べています。

「エリクソンにとって，アイデンティティの最適な発達は，コミュニティの中に個人の生物学的・心理的能力および関心によく『フィットした感じ』を与える社会的役割や適所を見つけることを含むものである」（クロガー，J.（著）榎本（編訳），2005）

　つまり，所属する集団の中で，自分の能力や関心によくフィットした役割や居場所が見つかったとき，アイデンティティが確立されたことになるというわけです。社会的存在である私たちにとって，他者から承認が得られるような自分らしい役割を獲得することが，何よりも重要な課題となるのです。

　他者による承認が得られているという自信があれば，人の態度や言葉を冷静に受けとめることができても，自信がないと人の態度や言葉を否定的な方向に歪めて認知する心理傾向があるようです。それを示した実験として，キャンベルとフェール（1990）は，初対面の人物同士をペアにして15分間会話をしてもらい，その後でそれぞれ相手の人物の性格について評価させるとともに，相手がこちらの性格についてどのような評価をしたかを推測させています。その際，心理検査を使って，それぞれの人物の自尊感情が測定されました。その結果，自尊感情の高い者，つまり自分に自信のある者は，相手からどのように評価されているかをほぼ正確に推測していました。それに対して，自尊感情の低い者，つまり自分に自信のない者は，相手による評価を実際以上に低めに見積もる傾向がみられました（図6-4）。つまり，自分に自信がないと他者の視線をネガティブな方向に歪めて認知してしまうのです。

　カーニスたち（1989）は，自尊感情の高低とは別にその安定性を考慮する必要があるとし，自尊感情の安定性という次元を導入しました。そして，自尊感情が高くかつ不安定な人はとくに強い怒りや敵意を経験する傾向が強いという

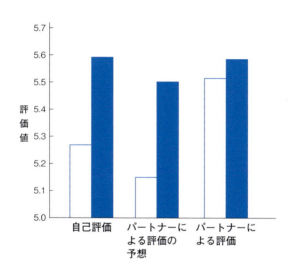

図 6-4　自己評価の高低とパートナーによる評価の予想の関係
（キャンベルとフェール，1990）

仮説を立てました。さらに、自尊感情が高く安定している人はとくに怒りや敵意を経験する傾向は低く、自尊感情が低く不安定あるいは安定している人の怒りや敵意を経験する傾向は両者の中間に位置すると予想しました。そして、仮説に沿った結果を得ました。つまり、自尊心が高く、かつ不安定な人が、他者による否定的評価に対して、とくに強い怒りや敵意を感じていました。自尊心が高く、かつ安定している人は、同様の場面で怒りや敵意をほとんど感じることはありませんでした。自尊心が低くて安定している人や不安定な人は、その中間に位置していました。

6.1.3 自己概念の場面依存性

ジェームズ（1892）は、人は自分を知っている人の数だけ社会的自己があるが、同じ集団に属する人たちからは似たようなイメージをもたれているであろうから、人は所属する集団の数だけ社会的自己をもつとしました。

これに関しては、キルシュトロームとキャンター（1984）が文脈の中の自己という観点から、一人でいるときの自己と他者と一緒にいるときの自己、知人と一緒にいるときの自己と見知らぬ人と一緒にいるときの自己、家族と一緒にいるときの自己と友だちと一緒にいるときの自己と仕事仲間と一緒にいるときの自己など、文脈によって自己のあり方が違うといった仮説を立てています。

榎本（1993）は、**自己概念の場面依存性**という概念を提唱し、家族と一緒のとき、とくに仲の良い友だちと一緒のとき、好きな異性と一緒のときという3つの場面を設定し、それぞれの場面における自己概念を測定しています。その結果、だれの前にいる自分かによって、自己概念が異なることを示しました（図 6-5）。

そもそも日本文化のもとでは、だれといようと一定不変の自己などというものは存在しません。具体的な場面が決まることで、はじめて自己が明確な形をとることができるのです。それについては、榎本（1987b）が、自分を指す代名詞である自称詞を取り上げて、場面によってそれが自在に変動することを説明しています（コラム 6-1）。

a. ジェームズ（1892）

　　人は関わりのある人の数だけ社会的自己をもつ

b. キルシュトロームとキャンター（1984）

```
├─ 一人でいるときの自己
└─ 他者と一緒にいるときの自己
    ├─ 見知らぬ人と一緒にいるときの自己
    └─ 知人と一緒にいるときの自己
        ├─ 仕事仲間と一緒にいるときの自己
        ├─ 友だちと一緒にいるときの自己
        └─ 家族と一緒にいるときの自己
            ├─ 母親と一緒にいるときの自己
            ├─ 父親と一緒にいるときの自己
            └─ 配偶者と一緒にいるときの自己
```

c. 榎本（1987a；1997）

```
├─ 公的役割関係の側面
└─ 私的人間関係の側面
    【例】● 家族と一緒のとき
         ● とくに仲の良い友だちと一緒のとき
         ● 好きな異性と一緒のとき
```

d. ブルーナー（1994）

　　自己概念は対話している相手の関数として多様に変化する

図 6-5　**社会的自己概念の多面性**（榎本，1998）

6.2 自己不一致理論

　自己不一致理論を提唱したヒギンズ（1987）は，現実自己と理想自己との一致あるいは不一致と現実自己と義務自己との一致あるいは不一致を区別しています。自己不一致理論では，つぎの3つの基本的な自己を仮定します。
1. 現実自己：自己あるいは重要な他者が，その人物が実際に所有していると信じている属性についての本人による表象。
2. 理想自己：自己あるいは重要な他者が，その人物に理想としては所有していてほしいと望んでいる属性についての本人による表象。
3. 義務自己：自己あるいは重要な他者が，その人物が所有すべきであると信じている属性についての本人による表象。

　自己不一致理論では，これらを前提として，私たちは現実の自己が理想あるいは義務自己に一致した状態を達成すべく動機づけられていると仮定します。さらに，自己に対する視点について，つぎの2つの基本的視点を区別しています。
1. 本人自身の視点。
2. 重要な他者（母親，父親，親しい友人など）の視点。

　これらを組み合わせると，図のような6つの自己表象を設定することができます（図6-6）。そして，自己不一致のパターンを感情に結びつけます。現実自己と理想自己の不一致としては，自分自身からみた現実の自己と自分自身がそうありたいと望んでいる理想状態との間にズレがある場合と，自分自身からみた現実の自己と重要な他者がそうあってほしいと期待しているだろう理想状態との間にズレがある場合があります。前者の場合は失望や不満感，後者の場合は恥やばつの悪さを感じやすいと予想されます。現実自己と義務自己の不一致としては，自分自身からみた現実の自己が自分自身がそうあらねばならないと思っている状態との間にズレがある場合と，自分自身からみた現実の自己と重要な他者がそうあるべきと思っているだろう状態との間にズレがある場合があります。前者の場合は罪悪感，後者の場合は罰などの制裁が連想されるため恐怖を感じやすいと予想されます（図6-6）。このような自己不一致の種類と不快感情の種類の結びつきについては，ヒギンズたちにより，それを支持する

コラム6-1 具体的な場面規定によってはじめて自己が形をとる

　日本語では（中略）その場その場で規定される「私」,「僕」,「俺」などがあるだけである。つまり，まず先に関係のネットワークで構成された場があり，そこに相手を定位し，それによって初めて自己規定が可能になるのである。対象の規定が自己の規定の先行条件であるから，対象依存的自己規定といえる。具体的な相手が現れない限り，話し手の自己は言語的には未定の空白状態に置かれる。自称詞および対称詞が決まることによって，ことばづかいを含めて，両者の関係にふさわしい態度や行動をとることができるようになるのである。
（榎本博明「自己開放性と適応——仮面と自己をめぐって」島田一男（監修）『講座人間関係の心理6（性格と人間関係）』所収　ブレーン出版，1987より）

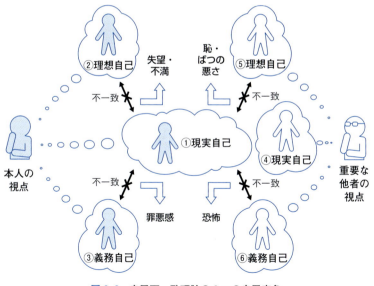

図6-6　自己不一致理論の6つの自己表象

データが得られています（ヒギンズたち，1985，1986；ストローマンとヒギンズ，1987）。

6.3 自己評価維持モデル

　人間関係は自己評価に大きな影響を与えますが，それゆえに自己評価の様相が人間関係にも影響を与えます。そのような自己評価と人間関係の相互作用を解明する理論の一つに**自己評価維持モデル**があります。

　テッサーが提唱した自己評価維持モデルでは，私たちは自己評価を維持もしくは上昇させるような行動をとるとみなします。そして，対人関係を通して自己評価の上昇や低下を導く2つの心理過程として，比較過程と反映過程を設定します（テッサー，1988；テッサーとキャンベル，1982；テッサーたち，1984）。

　ともに心理的に近い他者に対して生起する心理過程ですが，身近な人物の優れた属性や業績との比較によって自己評価が低下したり，身近な人物の劣った属性や業績との比較によって自己評価が上昇したりするのが比較過程です。反対に，身近な人物の優れた属性や業績の栄光に浴して自己評価が上昇するのが反映過程です。

　どちらの心理過程が活性化されるかに影響するのが，そのときに問題になっている属性や業績への本人の関与度です。関与度が高い，つまり自己概念にとって重要とみなされる属性や業績の場合は，比較過程が活性化されやすく，身近な人物の優れた属性や業績との比較は自己評価の低下を招きます。これに対して，関与度が低い，つまり自己概念にとってたいして重要でない属性や業績の場合は，反映過程が活性化されやすく，身近な人物の優れた属性や業績の栄光に浴して自己評価は上昇します（図6-7）。

6.4 自己認知の歪み

　人からどうみられているかという本人のもつ社会的自己概念は，必ずしも他

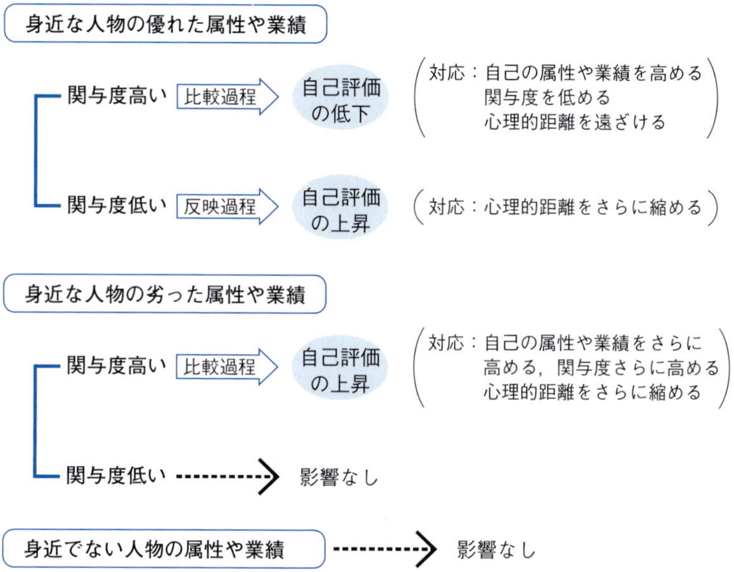

身近な人物の優れた属性や業績

- 関与度高い → 比較過程 → 自己評価の低下 （対応：自己の属性や業績を高める
　　　　　　　　　　　　　　　　　　　　　　　関与度を低める
　　　　　　　　　　　　　　　　　　　　　　　心理的距離を遠ざける）

- 関与度低い → 反映過程 → 自己評価の上昇 （対応：心理的距離をさらに縮める）

身近な人物の劣った属性や業績

- 関与度高い → 比較過程 → 自己評価の上昇 （対応：自己の属性や業績をさらに
　　　　　　　　　　　　　　　　　　　　　　　高める，関与度さらに高める
　　　　　　　　　　　　　　　　　　　　　　　心理的距離をさらに縮める）

- 関与度低い ┄┄┄→ 影響なし

身近でない人物の属性や業績 ┄┄┄→ 影響なし

図 6-7　比較過程・反映過程と自己評価の維持

者から実際にみられている姿を反映しているとは限りません。それに関して，バーントとバーギイ（1996）は，自己高揚バイアスと自己謙遜バイアスという認知の歪みをあげています（表6-2）。

自己高揚バイアスとは，自分自身をできるだけ肯定的にみたいという願望によって，客観的指標から得られる実際のその人の印象よりも肯定的な自己認知をする心理傾向のことです。一方，**自己謙遜バイアス**とは，謙遜の気持ちによって，客観的指標から得られる実際のその人の印象よりも控え目な自己認知をする心理傾向のことです。

自己高揚バイアスと自己謙遜バイアスのいずれの心理過程が働くかは，問題となる社会的自己像の地位や本人の性格によって異なってきます。たとえば，みんなから好かれている人，非常に肯定的な印象をもたれている人，社会的能力が人並み外れて優れている人などの場合は，自己謙遜バイアスが働き，実際よりも否定的な自己概念が抽出されます。それに対して，周囲からあまりよくみられていない人，社会的能力が著しく劣る人などの場合は，自己高揚バイアスが働き，実際よりも肯定的な自己概念が抽出されます。

このような認知の歪みと性格との関連をみると，自尊感情の高い人ほど自己高揚バイアスが生じやすいことや（ボーンシュテットとフェルソン，1983），ナルシシズム傾向の強い人ほど自己高揚バイアスが生じやすいこと（ジョンとロビンズ，1994）が報告されています。

バーントとバーギイは，社会的自己概念が実際の社会的承認をうまく反映していないことの理由を3つあげています（表6-3）。

表の2つ目と3つ目にあげられている理由は，私たちのもつ自己防衛的な心理メカニズムに関するものといえます。自分に関する否定的情報をより肯定的な方向に歪めて知覚しようとするのは知覚的防衛，自分に対して否定的評価を突きつける可能性のある対人場面を極力回避しようとするのは行動的防衛といってよいでしょう。このような防衛的な態度は，本人も意識しないところで機能していることが多いのではないでしょうか。

表 6-2　自己高揚バイアスと自己謙遜バイアス

【自己高揚バイアス】
自分自身をできるだけ肯定的にみたいという願望によって，客観的指標から得られる実際のその人の印象よりも肯定的な自己認知をする心理傾向。

【自己謙遜バイアス】
謙遜の気持ちによって，客観的指標から得られる実際のその人の印象よりも控え目な自己認知をする心理傾向。

表 6-3　社会的自己概念が実際の社会的承認を反映しない理由

1. 一般に人々は礼儀によって，好ましく思っていない他者に対して，その評価的感情をはっきりとは言わない。
2. 人から嫌われている人は，他者からのフィードバックを自分に都合のよいように曲解する傾向がある。
3. 一般に自分を嫌っている人と過ごす時間を最小化すべく，かかわりをもつ相手を選択する傾向がある。

日本的自己と
人間関係

7.1 日本文化における自己と他者

7.1.1 甘えの構造

　土居（2001）は，甘えとは人間関係において相手の好意をあてにして振る舞うことであると定義しています。そして，もっとも重要なのは，甘えるということが自意識なしに自然に行われることだといいます。つまり，甘えている本人は，自分が甘えているということを自覚していません。したがって，「あなたは甘えている」「彼（彼女）は甘えている」と二人称，三人称には使えても，一人称で「私は甘えている」といった使い方は，よほど反省するのでなければあり得ません。逆説的ですが，「私は甘えている」と自覚したときは，もはや甘えていません。さらに，甘えている場合は快い気分を伴い，だれかと一緒にいて居心地が良い場合は内心甘えており，居心地が悪い場合は甘えられないでいるということができます。ゆえに，甘えが意識されるときは，必ずといってよいほど甘えられない状態にあることを意味します。甘えという心理について，このように説明する土居は，甘えは愛情表出を伴う快い気分であり，時にそのような気分を求める欲求を指し，また感情的依存を意味することになるとしています。

　土居は，夏目漱石の『坊っちゃん』の中で，お手伝いさんの清に借りがあるのに返そうとしないのは，清を自分の片割れだと思っているからだと坊っちゃんが言っていることを引き合いに出し，それは両者の間に一体関係があるからだと指摘しています。そして，坊っちゃんは清に一度も口に出して感謝したことはなかっただろうが，片割れだと思う相手にそうすることはあまりに他人行儀だったからであり，この心理は日本人すべてに通じるものではないかと述べています（コラム 7-1）。

　日常生活を振り返っても，自分が一体感を感じるごく近い間柄の相手には遠慮をせずに好意に甘えることができても，それほど近い間柄でなく一体感を感じない相手に対しては遠慮が働き，好意に甘えることはしにくいものです。たとえば，アメリカの家族のように，お互いにしょっちゅうほめたり，お礼を言ったりし合っている家族は，一体感が乏しく心理的距離の遠い家族といった

コラム7-1　『坊っちゃん』にみる甘えの心理

　坊っちゃんは，自分は清には借りを返そうとしないが，自分に敵意をもつ山嵐には小さな借りも残したくないという自分の心理について，つぎのように説明する。
「あした学校へ行ったら，一銭五厘返して置かう。おれは清から三圓借りて居る。其三圓は五年経った今日迄まだ返さない。返せないんぢやない。返さないんだ。（中略）他人がましい義理立てはしない積だ。（中略）返さないのは清を踏みつけるのぢやない。清をおれの片割れと思ふからだ」
　坊っちゃんは清をだれよりも身近に感じていた。その気持ちを正直にあらわしている箇所がある。
「おれは若い女も嫌ではないが，年寄を見ると何だかなつかしい心持ちがする。大方清がすきだから，其魂が方々の御婆さんに乗り移るんだらう」
　そのような坊っちゃんの気持ちを清も十分に知っていた。言葉抜きに「察し」ていた。だから，改めて好意や感謝の気持ちを坊ちゃんが伝えることがなくても，両者の間の温かな関係は損なわれる心配などなかったのだろう。
　山嵐が自分を陥れようとしていると誤解した坊っちゃんは，奢ってもらった氷水代として一銭五厘を何としても山嵐に返さないと気分が悪いと思い，机の上に置くが，相手は受け取らない。坊っちゃんとしては，敵である山嵐に借りは作りたくない。
（中略）そして，ついに仲直りしたとき，坊っちゃんが山嵐の机の上の一銭五厘を取って自分の財布に入れると，山嵐がなぜそれを引っ込めるのかと聞く。それに対して，坊っちゃんはつぎのように答える。
「うんおれは君に奢られるのが，いやだつたから，是非返す積りで居たが，其後段々考へて見ると矢つ張奢つて貰ふ方がいい様だから，引き込ますんだ」
　借りがあっても良いのは，身内と思える相手に限られる。身内と思えない，あるいは思いたくない相手には借りを作りたくない。そうした心理は，日本人であれば共感できるもののはずだ。
（榎本博明『「すみません」の国』日本経済新聞出版社，2012 より）

印象になります。甘えが通用するような心理的一体感のある間柄が、日本文化における自己と他者の関係の特徴といってよいでしょう。

7.1.2　「察し」の人間関係

　日本人の共感性の高さは、言葉にしない思いまでも察するという、日本特有のコミュニケーションにつながっています。それは、遠回しな言い方、以心伝心、暗黙の了解、察し合いなどといわれる、言葉に頼らないコミュニケーションを可能にします。

　ホール（1976）は、意思の疎通を言葉に頼る文化と言葉に頼らない文化があることを指摘し、**コンテクスト度**（文脈度）という概念を提唱しています（**表7-1**）。コンテクスト度の低い文化とは、人々の間に共通の文化的文脈がなく、言葉ではっきり言わないと通じ合えない文化のことです。欧米のような言葉ではっきり伝えるコミュニケーションは、コンテクスト度が低い文化の特徴といえます。一方、コンテクスト度の高い文化とは、人々が共通の文化的文脈をもち、わざわざ言葉で言わなくても通じ合う文化のことです。日本のようなはっきり言葉に出さないコミュニケーションは、コンテクスト度の高い文化の特徴ということになります。

　私たち日本人は、とくに意識していないものの、ごく自然に高コンテクストのコミュニケーションを用いているのです（**表7-2**）。遠回しな言い方で断ろうとする。賛成できなくてもはっきりと反対しない。はっきり言わずに汲み取ってほしい。相手の期待や要求を察して先回りして動く。これらは低コンテクストのコミュニケーションを用いる欧米人などにはまったく意味不明でしょう。一方、これらは私たち日本人にはごくふつうのことであり、だれもがほとんどの項目が自分にあてはまると思うのではないでしょうか。このような高コンテクストのコミュニケーションに幼い頃から馴染んでいるせいで、私たち日本人の共感性は磨かれるのです。

表 7-1　コンテクスト度

【コンテクスト度の低い文化】
人々の間に共通の文化的文脈がなく，言葉ではっきり言わないと通じ合えない文化。
【コンテクスト度の高い文化】
人々が共通の文化的文脈をもち，わざわざ言葉で言わなくても通じ合う文化。

表 7-2　高コンテクスト・コミュニケーションのチェックリスト
　　　　（榎本，2014）

1. 相手の依頼や要求が受け入れがたいときも，はっきり断れず，遠回しな言い方で断ろうとする。
2. 相手の意見やアイデアに賛成できないときも，はっきりとは反対しない。
3. はっきり言わずに，相手に汲み取ってほしいと思うことがある。
4. 相手の出方を見ながら，自分の言い分を調節するほうだ。
5. これ以上はっきり言わせないでほしい，察してほしいと思うことがある。
6. 相手の期待や要求を察して，先回りして動くことがある。
7. 相手の言葉から，言外の意図を探ろうとするほうだ。
8. 相手の気持ちを察することができるほうだ。

7.2 他者の視線への過敏さ

7.2.1 他者の視線が気になる

　心理学や精神医学の用語のほとんどが欧米から輸入され翻訳されたものですが，対人恐怖というのは日本で生まれた概念だといわれます。**対人恐怖**とは，人と一緒にいると極度の不安と緊張に駆られるため，対人場面を避けようとする神経症です。対人恐怖の中でもその中核にあるのは視線恐怖であるとされますが，これは人前に出ると視線が気になり，極度の緊張感に襲われるため，人前に出るのを恐れるものです。視線恐怖までいくと，かなり極端な状態ですが，人からどう見られるかが気になって仕方がないというのは，多くの日本人に共有されている心理でしょう。それは，相手から切り離されていない日本的な自己のあり方と密接に関係するものといえます。

　日本の精神文化を世界に伝えたいという意図で，『武士道』を英語で執筆しアメリカで出版した新渡戸稲造は，日本人にとって名誉の感覚はとくに重要であるとし，名誉ある行動が恥の意識によって導かれていることを看破しているかのような解説をしています（**コラム 7-2**）。

　他者の目に映る自分の姿を想像することで自分の行動を律していく，といった形で自己形成することによって，私たち日本人は，たえず自分の姿が他者の目にどのように映るかを意識するようになります。そのような自己形成のメカニズムも，日本的な自己のあり方と密接に結びついたものといえます。

7.3 日本的自己と他者の気持ちへの配慮

7.3.1 間柄の文化

　東（1994）は，日本人の他者志向を未熟とみなすのは欧米流であり，他者との絆を強化し，他者との絆を自分の中に取り込んでいくのも，一つの発達の方向性とみなすべきではないかとしています。

「われわれの中におそらく欧米人よりもはるかに強くある役割社会性や他者志向性を，脱亜入欧的な近代化で取り入れたタテマエのフィルターをはずして認

コラム7-2 『武士道』にみる恥を知る心

　名声を侵されることは，最も恥とされた。そして，「恥を知る心」（廉恥心）は，少年の教育において第一の徳目であり，「笑われるぞ」「対面を汚すぞ」「恥かしくないか」などの言葉は，少年に対して，正しい行動を促すときの最後のいましめであった。このように，少年の名誉心に訴えることは，あたかも母親の胎内にいたときから名誉で養われていたかのように，彼のハートの最も敏感なところに触れたのである。
（新渡戸稲造（著）須知徳平（訳）『武士道』講談社インターナショナル，1998年より）

識することが必要だと思う。

　たとえば日本人の『他者志向性』は，自我の未発達と表裏一体を成すものと見えるかもしれない。けれども他から切れていた方が成熟度が高いと見るのは，開拓社会的な価値観の視点に立ってのことではないだろうか。自己が自己完結的になっていくのもひとつの発達の方向だろうが，他との絆が強くなりそれが自分の中に取り込まれていくのもやはりひとつの発達の方向で，価値的にどちらを上とはいえないのではないだろうか」（東，1994）

　このような欧米と日本の自己の発達の方向の違いを考える際に参考になるのが，マーカスと北山（1991）による**文化的自己観**です。マーカスと北山は，アメリカをはじめとする西欧文化，とくに北米中流階級に典型的にみられる独立的自己観と日本をはじめとする東洋文化に典型的にみられる相互依存的自己観を対比しています（図7-1）。独立的自己観によれば，個人の自己は，他者や状況といった社会的文脈から切り離され，その影響を受けない独立した存在とみなされます。したがって，自己は，能力，才能，性格，動機など個人のもつ属性によって定義されます。それに対して，相互依存的自己観によれば，個人の自己は，他者や状況といった社会的文脈と強く結びついており，その影響を強く受けるとみなされます。したがって，自己は，他者との関係性や状況の中で定義されます。

　榎本（2012）は，日本的な自己のあり方やコミュニケーションのあり方をめぐる考察をもとに，日本社会を状況依存社会と定義づけ，その特徴を分析しています。

「（前略）日本には『状況依存社会』とも言うべき性質が根づいているのである。確固たる自己があって，自己を主張していくというのではなく，相手との間柄によって，調和的な自分の出方を決めるのである。相手との間柄や相手の出方といった『変数』を放り込まないかぎり，自分の出方を算出する方程式が立てられない。

（中略）状況依存社会とは，状況から独立して存在する一貫した原理原則が行動を規定するのではなく，具体的な状況に応じてそれにふさわしい行動が決まってくる社会のことである。

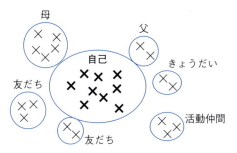

A. 独立的自己観

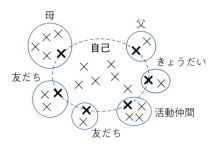

B. 相互依存的自己観

図 7-1　独立的自己観と相互依存的自己観（マーカスと北山, 1991 より）

状況依存的な自己の出し方は，敬語や自称詞・対称詞といった言葉遣いにも，端的にあらわれている。言語表現の多様なニュアンスが日本語の特徴とも言われるが，私たちは，相手との関係がわからないと，どんな言葉を使えばよいかが決まらないため，初対面の人との会話には非常に気を遣う。

年齢関係，地位関係，役割関係，親密さなどによって，適切な言葉やしゃべり方が異なってくる。相手との間柄がはっきりしないかぎり，言葉遣いを決めることさえできないため，どうにも話しにくい。」（榎本，2012）

このように，自己のあり方もコミュニケーションのあり方も他者との関係性に大いに依存しているところに，日本的な人間関係の特徴があるといえます（図7-2）。そこで筆者は，欧米の文化を自己中心の文化，日本の文化を間柄の文化と名づけて対比させています（榎本，2016）。**自己中心の文化**というのは，自分が思うことを存分に主張すればよい，ある事柄を持ち出すかどうか，ある行動をとるかどうかは自分の意見を基準に判断すればよい，とする文化のことです（表7-3）。常に自分自身の気持ちや意見に従って判断することになります。欧米の文化は，まさに「自己中心の文化」といえます。そのような文化のもとで自己形成してきた欧米人の自己は，個として独立しており，他者から切り離されています。一方，「**間柄の文化**」というのは，一方的な自己主張で人を困らせたり嫌な思いにさせたりしてはいけない，ある事柄を持ち出すかどうか，ある行動をとるかどうかは相手の気持ちや立場を配慮して判断すべき，とする文化のことです。常に相手の気持ちや立場を配慮しながら判断することになります。日本の文化は，まさに「間柄の文化」といえます。そのような文化のもとで自己形成してきた日本人の自己は，何ごとに関しても自分だけを基準とするのではなく他者の気持ちや立場を配慮して判断するのであり，個として閉じておらず，他者に対して開かれています。そのような日本的な自己のあり方に対して，主体性がないなどと批判的なことを言う人がいますが，それは自己中心の文化の価値基準を絶対化する見方といってよいでしょう。

7.3.2　気持ちへの配慮を育む親子関係や学校教育

子どもたちにこんな人間に育ってほしいといった期待のことを**発達期待**とい

自分を指す代名詞：「私」，「僕」，「オレ」など
相手を指す代名詞：「あなた」，「君」，「おたく」，「○○さん」など

図 7-2　間柄によって言葉づかいが決まる

表 7-3　「自己中心の文化」と「間柄の文化」(榎本, 2016)

【自己中心の文化】
自分が思うことを存分に主張すればよい，ある事柄を持ち出すかどうか，ある行動を取るかどうかは自分の意見を基準に判断すればよい，とする文化。
【間柄の文化】
一方的な自己主張で人を困らせたり嫌な思いにさせたりしてはいけない，ある事柄を持ち出すかどうか，ある行動を取るかどうかは相手の気持ちや立場を配慮して判断すべき，とする文化。

います。トービンたち（1989）が行った発達期待に関するアメリカ，中国，日本の比較調査では，3カ国の幼稚園・保育園の先生や保護者に対して，園で子どもが学ぶもっとも大切なことは何かを尋ねています。その結果をみると，アメリカでは「自信」をもっとも大切とする回答が3割を超え1位となっていますが，日本で「自信」をもっとも大切とする回答は1割にすぎませんでした。日本で1位となったのは「共感・同情・他の人への心配り」であり，3割を超える者がこれがもっとも大切だと答えていました。アメリカや中国で「共感・同情・他の人への心配り」をもっとも大切とする回答は5％もありませんでした（図7-3）。

発達期待というのは，文化的な規範がいつの間にか個人の心の中に植えつけられたものの典型といえます。発達期待のこのような文化差をみると，日本文化がいかに思いやりの心を重視しているかがわかります。このような発達期待は，幼い頃からのしつけをはじめとする親子関係を通して，子どもの心の中に注入されていきます。

東たち（1981）は，日米母子研究の中で，子どもが3歳半のときの母親のしつけ方略の調査を行っています。子どもがよくない行動をしている場面を設定し，自分の子どもが今そのようなことをしているとしたら，何と言うかを答えさせるというものです。たとえば，「夕食に出された野菜を嫌いだといって食べようとしない」「薬を飲もうとしない」「スーパーマーケットで駆け回り他の買い物客の迷惑になっている」「友だちに積み木をぶつけている」などの場面が設定されました。普段やっているように答えることを求められた母親たちは，きわめて臨場感のある反応を示しました。その際に，母親が説得するのに持ち出す根拠を，「親としての権威」「規則」「気持ち」「結果」の4つに分類しました（表7-4）。

この4つのカテゴリーを用いて母親の反応を分類したところ，日本の母親とアメリカの母親はきわめて対照的な反応を示すことがわかりました。アメリカの母親は，「ぐずぐず言わずに食べなさい」などと「親としての権威」に訴えて，理由はわからなくてもとにかく親の言うようにやらせようという反応が50％と圧倒的に多かったのですが，日本では「親としての権威」に訴える反応

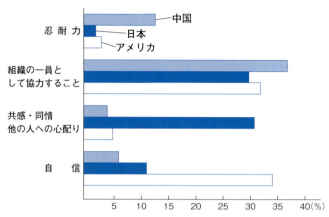

図7-3 幼稚園・保育園で子どもが学ぶもっとも大切なこと
（トービンたち，1989：古澤，1996）

表7-4 母親が子どもを説得するのに持ち出す根拠の4類型

1. 親としての権威
ただ食べなさいと繰り返したり，「食べないとダメでしょ」「言うことを聞きなさい」と言うなど，親の命令だから従いなさいというニュアンスのもの。
2. 規　則
「残さないでちゃんと食べることになってるでしょ」「積み木は投げるものじゃないでしょ」などと決まり事をもちだすもの。
3. 気持ち
「せっかくつくったのにお母さん，悲しいな」「ぶつけられたお友だちは痛いでしょ，○○ちゃんがやられたらどう思う？」などと相手の気持ちを想像させるもの。
4. 結　果
「ちゃんと食べないと大きくなれないよ」「野菜を食べないと病気になって遊べなくなるよ」などと，言うことを聞かなかった場合に生じる好ましくない結果を持ち出すもの。

はわずか18％にすぎませんでした。日本の母親では，言うことを聞かないとどういう望ましくない結果になるかをわからせようとする，いわば「結果」に目を向けさせようとする反応が37％ともっとも多く，それについで相手の「気持ち」に目を向けさせる反応が22％と多くなっていました（**表7-5**）。こうしてみると，日本とアメリカではまったく対照的なしつけが行われていることがわかります。子どものしつけにおいて，アメリカでは「とにかくこうしなさい」と親としての権威を振りかざして言うことをきかせるしつけ方略が主としてとられています。それに対して，日本の母親は，「食べないと大きくなれないよ」と暗示的な言い方をしたり，「ぶつけられたお友だちは痛いでしょ」と相手の気持ちに目を向けさせるしつけ方略をとることが多く，「こうしなさい」などと命令的な言い方をすることは少ないようです。

　前述のように，自己主張をよしとする欧米文化と違って，自己主張を慎むことをよしとする日本文化においては，相手の思いや立場を察する能力が発達しています。日本人が，思い通りに交渉がはかどらず，「もういい」と捨て台詞を吐くとき，その人はけっして心から「もういい」と放棄したわけではなく，要求がなかなか通らないことへのいらつきを表明したにすぎないのです。私たち日本人は，そうした言葉の背後にある相手の気持ちに目を向け，その気持ちにできるだけ応えなければといった思いに駆られます。間柄の文化を生きる私たちにとって，場の雰囲気を良好に保つことは，何よりも大切だからです。捨て台詞を吐く側も，相手が壊れかけている場の雰囲気を修正すべく，何らかの譲歩をしてくれることを期待しているわけです（**コラム7-3**）。

　社会化の担い手は親ばかりではありません。学校教育の中でも，その社会の求める人物像が示され，その社会を生きるために必要な性質を身につけるように促す社会化が行われます。学校教育がどんな発達期待を前提に行われているのか，それを端的に示しているのが教科書です。したがって，教科書に描かれている人物像（必ずしも人間として描かれず，動物であったりもします）を検討することで，その社会が理想としている人物像がどのような人物であるかを知ることができます。

　今井は，日本とアメリカの小学校1年生〜6年生用の国語の教科書の内容を

表7-5 子どもに言うことを聞かせるためにあげる根拠の日米比較 (東, 1994)

根　　拠	日本 (%)	アメリカ (%)
親としての権威	18	50
規則	15	16
気持ち	22	7
結果	37	23
その他	8	4

コラム7-3 「もういい」の意味するもの

　アメリカ側の研究者は，この母親の反応を「嫌がるなら無理に食べさせない」というアメリカの母親の反応と同じカテゴリーに分類しようとしました。しかし，アメリカの母親のそうした反応は，嫌々食べるのは身体によくないとか，人は嫌なことを強制されるべきではないといった理由によるものであり，そこには子どもに食べさせたいという思いはありません。それでは，日本の母親の「それじゃあもう食べなくていい」という反応とはまったく意味が違ってしまいます。日本の母親がそのように言うとき，子どもに食べてほしいという思いが強くあるのは，私たち日本人ならよくわかるはずです。

　そこで東たちは，日本の母親のこのような反応は，ほんとうに食べなくていいと思っているのではなく，むしろ食べるように強制する手段になっているのであって，同じカテゴリーに入れることはできないと説明しました。実際，そのように母親が言うと子どもは食べるというのです。それでもアメリカ側の研究者は納得しませんでした。はっきりと「食べなくていい」と言っているではないか，と抵抗しました。言外の意図を汲み取る文化と，そのようなものはまったく考慮しない文化の対照性を示す好例といえるでしょう。

比較検討しています。その結果、アメリカの教科書には「自己主張」「自立心・独立心」「強い意志」など「強い個人」をテーマとする内容が非常に多いのに対して、日本の教科書ではそういったテーマの内容はきわめて少ないことがわかりました。アメリカの教科書は209篇、日本の教科書は211篇を分析の対象としていますが、「強い個人」というテーマはアメリカでは53篇もあるのに対して、日本ではわずか7篇にすぎませんでした。細かくみていくと、「自己主張」というテーマはアメリカの7篇に対して日本では皆無、「自立心・独立心」というテーマもアメリカの7篇に対して日本では皆無、「強い意志」というテーマはアメリカの15篇に対して日本ではわずか1篇でした。このように、アメリカの教科書で多く取り上げられている「自己主張」というテーマが、日本の教科書ではまったく取り上げられていません。ここに、自己主張をよしとするアメリカ文化と自己主張は慎むべきとする日本文化の対照性が表れています（表7-6）。

　また、人間関係の描かれ方も非常に対照的でした。アメリカでは「温かい人間関係」と「緊張感のある人間関係」が均等に描かれているのに対して、日本ではすべて「温かい人間関係」となっています。「緊張感のある人間関係」というテーマは、アメリカでは24篇あるのに対して、日本では皆無でした。「温かい人間関係」というテーマは、アメリカの23篇に対して日本では54篇と非常に多くなっていました。日本の教科書では、良好な人間関係ばかりが描かれ、対立的な人間関係はまったく描かれていないことがわかります。このような傾向にも、人と人が対立するのは当然とみなすアメリカ文化と人との対立を極力避けようとする日本文化の対照性が如実に表れています。

　良好な人間関係で大切なのは、相手に対する思いやりです。「やさしさ、相手の気持ちになって」といったテーマも、アメリカの2篇に対して日本では16篇と、非常に差が大きく、相手を思いやったり相手の気持ちに共感したりする性質が、とくに日本で重視されていることがわかります。

どうしても言うことを聞かない子どもに対して，「そんなに言うことを聞かないのなら，もういい」と母親が言うと，子どもはしぶしぶ言うことを聞く。そうした構図は，日本で育った私たちにとっては，ごくふつうに見られるありふれたもののはずです。母親は「もういい」と言ってるのだから子どもに「食べさせたい」と思っていないのだなどと思う者はいないでしょう。母親に「もういい」と言われて，子どもがなぜ食べるのかなどと疑問に思う者などいません。実際，「もういい」と口にした母親が，ほんとうに「もういい」と思っているのだと受けとめるような子どもはいないからこそ，この最後の捨て台詞が効力を発揮するわけです。ところが，言葉を文字通りに受けとめる文化のもとで育った者にとっては，このような言葉のやりとりは，どうにも理解を絶するのです。それは，言葉の背後にある相手の思いを汲み取ろうという姿勢がないからです。
（東　洋『日本人のしつけと教育——発達の日米比較にもとづいて』東京大学出版会，1994年より）

表 7-6　国語教科書にみられる価値観の日米比較（今井，1990より作成）

	日本の教科書	アメリカの教科書
強い個人	7 篇	53 編
自己主張	0 篇	7 篇
自立心・独立心	0 編	7 篇
強い意志	1 篇	15 篇
緊張感のある人間関係	0 篇	24 篇
温かい人間関係	54 篇	23 篇
やさしさ，相手の気持ちになって	16 篇	2 篇

6

友人関係・恋愛関係

8.1 認知的バランス理論からみた人間関係

ハイダー（1958）の認知的バランス理論の中に，三者の認知関係をモデル化したP—O—Xモデルがあります。図8-1のPは認知する人自身，Oは他者，XはO以外の認知対象を指します。Xには，人物，モノ，価値観，趣味，ひいきのチーム，郷里などさまざまな認知対象が置かれます。ハイダーは，単位関係と心情関係という2種類の関係を想定していますが，ここでは心情関係をみていきましょう。

図8-1にあるプラス符号は肯定的な感情関係，マイナス符号は否定的な感情関係を意味します。図8-1の⑤は，PがOに好意的で，PはまたXにも好意的なのに，OはXに非好意的だとPがみなしているということを表しています。そして，認知的バランス理論では，3つの符号の積がプラスになるときP—O—Xという三者のシステムは均衡状態にあり，マイナスになるときそれは不均衡状態にあるとみなします。図8-1では，①〜④が均衡状態，つまりバランスの良い関係，⑤〜⑧が不均衡状態，つまりバランスの悪い関係を表しています。不均衡状態では，不快感など心理的緊張が生じるため，それを解消しようとする動きが生じます。つまり，3つの符号の積がプラスになるようにどこかの関係を変化させることで，P—O—X関係を均衡状態にもっていこうとする動きが生じます。

たとえば，PさんがOさんと親しい間柄にあるのに，Pさんと親しい間柄になったXさんがOさんと対立関係にあるというのが，図8-1の⑤の状態です。このままでは三者の関係が落ち着きません。そこで，PさんはOさんにXさんの良いところを吹き込むことで，OさんにもXさんに対して肯定的な気持ちをもってもらおうと試みます。それが成功すると，3つの符号のすべてがプラスとなり，関係は安定化します（図8-1の①）。逆に，PさんがOさんからXさんの悪いところを吹き込まれ，Xさんに対して否定的な気持ちをもつようになっても，3つの符号の積がプラスとなり，Xさんを排斥する形でP—O—X関係は安定化します（図8-1の②）。もし，Xさんに対する態度をPさんもOさんも頑なに変えようとしないとき，PさんとOさんが決裂することで，3つ

図 8-1 ハイダーの認知的バランス理論

の符号の積がプラスとなり，P—O—X関係は安定化します（図8-1の④）。

周囲の人たちとの間に対立が生じたときなど，P—O—Xモデルにあてはめてみることで対立の構図の理解が進み，解決のヒントが見つかるかもしれません。

8.2 友人選択の要因

8.2.1 対人魅力の要因

友人関係の形成要因としては，身体的魅力，近接の効果，単純接触の効果，態度の類似性の効果，性格の類似性と相補性の効果などがあります。これらについては第2章の対人魅力の要因のところ（2.1）で解説しているので，そちらを参照してください。

8.2.2 比較過程・反映過程と友人選択

テッサー（1988）の自己評価維持モデルについては第6章で解説しましたが（第6章の図6-7），その心理メカニズムが友人選択にも影響していることがわかっています（テッサーとキャンベル，1982；テッサーたち，1984）。自己評価維持モデルを友人選択にあてはめると，関与度の高い領域では比較過程が働くため，自分のほうが優位に立てる友だちを選べば自己評価が高まり，関与度の低い領域では反映過程が働くため，自分より優れた友だちを選べば自己評価が高まるので，そのような友人が選択されるだろうと予想されます（図8-2）。

テッサーたち（1984）は，小学生を対象とした調査により，友人の選択が自己評価維持モデルに沿った形で行われていることを確認しています。つまり，本人にとって関与度が高い活動領域に関しては友だちより自分のほうが成績が良いと認知しており，関与度の低い活動領域に関しては自分より友だちのほうが成績が良いと認知していました。

磯崎と高橋（1988）も，小学生および中学生を対象とした調査により，同じような結果を報告しています。ただし，テッサーたちは，このような比較過程と反映過程による自己評価維持は，友人の成績に関する認知の歪みによって生

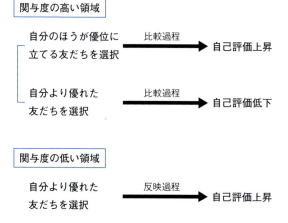

図 8-2　自己評価維持モデルと友人選択

じるという結果を得ているのに対して，磯崎たちは，実際の成績が比較過程や反映過程による自己評価維持に適合するように友人選択が行われていることを示唆する結果を得ています。磯崎（1994）は，学業成績に関してみると，小学校3・4年生ですでに自己評価維持の心理が働いていることを見出しています。それは，他者との比較による自己評価が行われるようになる年齢に相当します。また，桜井（1992）は，大学生に高校時代の友人関係について答えてもらうという方法を用いて，関与度の高い科目では自分の成績のほうが友人の成績より良く，関与度の低い科目では自分の成績より友人の成績のほうが良いというように，自己評価維持モデルに沿った形の友人選択が高校生段階でも行われていることを確認しています。

このように自己評価維持モデルが友人選択に影響していることがわかっていますが，そうした傾向は女性より男性，日本人より欧米人のほうが顕著であることが指摘されています。それには，競争動機や親和動機の違いや，自分を際立たせることに価値を置くか良好な関係を維持することに価値を置くかという自己中心の文化と間柄の文化の価値観の違いが関係していると考えられます。

8.3 友人関係における葛藤

自己開示が心理的距離を縮めるということはわかっていても，思い切って自己開示するには勇気がいり，なかなか素直に自己開示できないということがあります。筆者が，150名ほどの大学生を対象に，日頃よく話す友だちに自分の思っていることを率直に話しているかどうかを尋ねたところ，相手の反応を気にするあまり，自分の意見や思うことを率直に話しにくいといった心理が広く共有されていることがわかりました。そこには，自分を隠してさしさわりのない話ばかりするようなつきあいを物足りなく感じる気持ちも見え隠れします（榎本，2016）。典型的な回答例をコラム8-1に示しました。

では，どのような心理的要因が自己開示を抑制させるのでしょうか。自己開示の心理的抑制要因に関しては，榎本（1997）が測定尺度を作成し，大学生を対象とした調査を行った結果，現在の関係のバランスを崩すことへの不安，深

コラム8-1　友だちに自分の思いを率直に話しているか

「相手の反応が気になり，趣味やプライベートなこととか，自分の内面については話せない。自分の意見にも自信がなくて，相手に呆れられてしまうのではと思ったりして，なかなか意見も言えない」

「友だちにホンネを言おうとしても，それを理解してくれなかったときのことを考えると，なかなか話す気持ちになれません。ホンネを言うには勇気がいります」

「みんなはどう考えているんだろうと周りを気にして，自分の考えを言うのはすごく勇気がいる」

「相手がどう思うかを自分は気にしすぎだと思うけど，どうしても気にしてしまう。自分の思うことを素直に言える人が羨ましい。よっぽど自信がある人でないと，言えないと思う」

「仲間外れにされる恐怖というか，みんなが自分と違う考えや感じ方をしていたらどうしようといった思いがあって，自分の思っていることをはっきり言いにくい」

「私は，自分の思ったことを率直に友だちに言うというのはできません。やっぱり嫌われるのが怖いから」

「意見が違うと，せっかくの関係が悪化してしまうのではないかと考えてしまい，自分の意見があってもなかなか言えない」

「自分の意見を言える人はごく少数だと思う。自分もその場の雰囲気に合わせた発言をしたり，相手が喜びそうな意見を言ったりする」

「こんなことを言ったら相手が気分を害するのではとか，感受性が違ってたら相手が話しにくくなるかもしれないなどと思い，何を話したらよいかをかなり吟味する」

（榎本博明『「やさしさ」過剰社会』PHP研究所，2016年より）

い相互理解に対する否定的感情，相手の反応に対する不安という3つの因子を抽出しています（表8-1）。このような思いが自己開示をためらわせるようです。

榎本（2005）は，親しい友だちに対する自己開示および自己開示抑制と自尊感情，人生への態度，過去への態度，気分の関係を検討し，自己開示度が高いほど，人生に満足し，人生に前向きで，自分の過去を肯定的に評価し，爽快感が強く，疲労感が乏しく，抑うつ感が乏しく，自尊感情が高いことを見出しました。そして，自己開示を抑制する傾向が強いほど，人生に迷っており，人生に満足しておらず，人生に前向きになれず，自分の過去への否定的なとらわれがあり，自分の過去を肯定的に評価できず，緊張と興奮が強く，疲労感が強く，抑うつ感が強く，不安感が強く，爽快感が乏しくなっていました。

カウンセリングが急速に普及してきた背景として，自己を語る場が日常生活の中に少なくなっているという事情があると考えられます。岡田（2002）は，現代青年の友人関係の希薄化に関する調査により，友だちとの関係の維持に気を遣いながら，その関係に困難を感じている従来型の対人恐怖群の他に，表面的な友人関係さえも円滑にこなしているとはいえず，友人関係そのものから退却し，親密な関わりを避けるふれあい恐怖群を抽出しています。

東と榎本（2006）は，自己開示と自己モニタリングやふれあい恐怖との関連を検討し，自己モニタリングの「控え目・正直」傾向や「状況に応じた使い分け」ができないことが，ふれあい恐怖の「対人退却」を通して，自己開示を抑制することを確認しています。自己開示からみると，とくに対人場面を困難にしているのは，「関係調整不全」ではなく「対人退却」傾向であること，つまり自己モニタリングでとらえた自己呈示のスキルの低さが，ふれあい恐怖の中の対人退却傾向を引き起こし，それが自己開示を抑制するということがわかりました。

8.4 恋愛感情の発生

スタンダールは，『恋愛論』の中で，恋愛の発生プロセスに典型的にみられる7つの段階について論じています（図8-3）。ここで強調されているのが結

表 8-1　自己開示抑制要因尺度（榎本, 1997）

1. つまらないことを深刻に考えていると思われるのが嫌だから
2. 意見が対立するようなことは避けたいから
3. 相手も同じように考えているかどうかわからず不安だから
4. お互いに相手のことをそんなに深く知っている必要はないと思うから
5. どんなに親しい間柄でも感受性やものの見方・考え方は違っているものだから
6. 自分の考えや気持ちはだれに言ってもわかってもらえないと思うから
7. あまり重たくならず，楽しい間柄でいたいから
8. 相手がこちらの話を真剣に聞いてくれるかどうかわからないから
9. 自分の考えや気持ちを人に話したってしようがないから
10. 話したことを他人に漏らされたりしたら嫌だから
11. 改めて真剣に自分の胸の内を明かすような雰囲気ではないから
12. へたに深入りして傷つけたり傷つけられたりというようなことになりたくないから
13. 親しい間柄であっても心の中をのぞかれるのは恥ずかしいものだから

第1因子「現在の関係のバランスを崩すことへの不安」：11, 10, 7, 12, 13, 8
第2因子「深い相互理解に対する否定的感情」：6, 9, 4, 5
第3因子「相手の反応に対する不安」：2, 3, 1

| 1 | 感　嘆 |

| 2 | 「あの人に接吻したり，されたりすれば，どんなにうれしいだろう」と思う |

| 3 | 希　望 |
（相手の美点を知ろうとつとめる）

| 4 | 恋が生まれる |
（あらゆる感覚をもって，できる限りそばで見て，ふれて，感じてたのしむ）

| 5 | 第一の結晶作用 |
（愛する相手を，さまざまな美点でもって飾りたててたのしむ）

| 6 | 疑惑が生まれる |
（期待していた幸福を疑い，そうなると信じていた希望の根拠が信じられなくなる）

| 7 | 第二の結晶作用 |

図 8-3　恋愛の発生プロセスにみられる7つの段階
（『恋愛論』スタンダール著；前川堅市 訳より）

晶作用です。恋に陥った者は，相手のあるがままの現実を見ずに，そうあってほしいという目で見るため，他の人からは見えないような美点によって相手を飾り，実際の相手とは似ても似つかない理想の人物像をつくりあげる傾向があります。スタンダールは，このような恋をした者が想像力によって意中の人を美しく飾り立てていく心の動きを**結晶作用**と名づけたのです。一種の錯覚である結晶作用によって，恋をした人は夢見心地の良い気分を味わうだけでなく，あの素晴らしい相手にふさわしい人間になろうと背伸びしながら自己の向上をめざすことになるという効用もあるでしょう。これは結晶化された相手にもあてはまることで，相手によって過度に美化された自分の姿に戸惑いつつも，相手を幻滅させないようにと背伸びをして自己の向上をめざすことになります。こうしてみると，恋をするということには，自己を向上させる効用があるということになります。

　ルービン（1970）は，好意と愛情を区別して測定する尺度を作成しています（**表8-2**）。ルービンは，2つの概念を検討した結果，好きという気持ちには，相手を肯定的に評価し尊敬すること（肯定的評価）と相手が自分に似ていると思うこと（類似性）の2つの要素が含まれるという結論に達しました。そこで，その測定尺度は，適応性，成熟度，判断力，知性などの次元において，相手を肯定的に評価しているかどうかをみるための項目や，相手が自分に似ていると思っているかどうかをみるための項目で構成されました。一方，愛するという気持ちには，いつも一緒にいたいとか頼りたいと思うこと（愛着），常に相手のことを気遣うこと（心遣い），何でも話して理解し合いたいとか相手を独占したいとか思うこと（親密さ）の3つの要素が含まれるという結論に達しました。そこで，その測定尺度は，愛着，心遣い，親密さに関する項目で構成されました。この尺度のどちらの点数が高くなるかによって，具体的な相手に対する気持ちが好意なのか愛情なのかが判断できるというわけです。

表 8-2 ルービンの好意と愛情の尺度（榎本 訳）

好意の測定尺度

1. 彼（彼女）と私は，一緒にいると，たいてい同じことを感じたり考えたりしています。
2. 彼（彼女）は非常に適応力のある人だと思います。
3. 私は彼（彼女）を責任ある役割に強く推薦したいと思います。
4. 彼（彼女）はとても成熟した人物だと思います。
5. 私は彼（彼女）のすぐれた判断力に強い信頼を置いています。
6. たいていの人は，わずかな面識を持っただけで彼（彼女）に好意を感じると思います。
7. 彼（彼女）と私はとてもよく似ていると思います。
8. クラスや何かのグループで選挙があれば，私は彼（彼女）に票を投じたいと思います。
9. 彼（彼女）はすぐに尊敬を獲得するような人物だと思います。
10. 彼（彼女）はとても知的な人物だと思います。
11. 彼（彼女）は私の知っているなかでもっとも好ましい人物のひとりです。
12. 彼（彼女）は私が理想とするような人物です。
13. 私は彼（彼女）が賞賛されるのはとてもたやすいことだと思います。

愛情の測定尺度

1. もし彼（彼女）が落ち込んでいたりしたら，私はまっ先に彼（彼女）を励ましてあげたいと思います。
2. 私はどんなことでも彼（彼女）に打ち明けることができます。
3. 彼（彼女）の欠点は快く容認することができます。
4. 彼（彼女）のためならどんなことでもしてあげたいと思います。
5. 私は彼（彼女）を独占したいと強く思います。
6. もし彼（彼女）と一緒にいることができないとしたら，私はとても不幸になるでしょう。
7. 寂しいときには，彼（彼女）に会いたいという思いがまっ先に浮かんできます。
8. 私にとっての重大な関心のひとつは，彼の幸福です。
9. 私はたいていのことなら彼（彼女）を許すことができます。
10. 私は彼（彼女）の幸福に責任があると思います。
11. 彼（彼女）と一緒にいると，彼（彼女）をただ見つめているだけで時が過ぎてしまいます。
12. 彼（彼女）が何かを打ち明けてくれると，とてもうれしく思います。
13. 彼（彼女）と仲違いすることなど，私にはとても考えられません。

8.5 恋愛のタイプ

恋愛にもさまざまな形があります。同じく恋愛をしているといっても，人によってその様相はまったく異なっていたりします。

リー（1977）は，恋愛の基本として，情熱恋愛（エロス型），遊戯恋愛（ルダス型），友情恋愛（ストルゲ型）という基本的な3つのタイプがあり，それらの混合型として熱狂恋愛（マニア型），愛他恋愛（アガペー型），実利恋愛（プラグマ型）の3つがあるとし，6つの恋愛タイプを設定しています（図8-4）。それぞれの特徴は，表8-3の通りです。

8.6 恋愛行動の進展

松井（1993）は，大学生を対象として，恋愛行動の進行の仕方に関する調査を行っています。そこでは，30の恋愛行動について，恋人もしくはもっとも親しい異性との間で経験したことがあるかどうかを尋ねています。そして，その回答をもとに，各恋愛行動が経験されていく順序を整理しています。

これをみると，大学生の恋愛行動は大きく5つの段階に分かれます。第1段階は，「友人や勉強の話をする」などの友愛的会話で始まります。会話が進むと「悩みを打ち明ける」という深い内面の開示が起こり，仕事や勉強の協力を経て「プレゼントを贈る」ようになります。第2段階は，「デート」に始まり，「用もないのに会う」などのつながりを求める行動が盛んになります。第3段階は，「ボーイフレンド・ガールフレンドとして周囲の人に紹介」し，「キス」をする段階です。第4段階は，「恋人として周囲に紹介」し，第5段階は，「性交」を経て「結婚の約束」に至る段階です。この段階の区切り方は便宜的なものであり，各段階に費やす時間もカップルによりさまざまですが，9割以上の大学生がこの流れに沿って異性との交際をしていることが確かめられています。

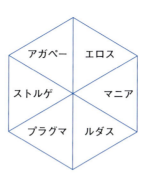

図 8-4　恋愛の 6 つのタイプ

表 8-3　恋愛の 6 つのタイプの特徴（『社会心理学事典』2009 より）

ラブスタイル	特徴
エロス（美への愛）	恋愛を至上のものと考え，ロマンティックな考えや行動をとる。相手の外見を重視しやすい。
ストルゲ（友愛）	穏やかで友情的な愛，お互いに感情的にならず，長い時間をかけて愛を育んでいく。
ルダス（遊びの愛）	恋愛をゲームとして捉え，楽しむことを第 1 に考える。相手に執着せず，距離をとりながらつきあおうとする。
マニア（熱狂的な愛）	相手への独占欲が強く，些細なことがらにも嫉妬や執着，悲哀といった激しい感情をともなう愛。
アガペー（愛他的な愛）	相手の利益だけを考え，相手のためには自分を犠牲にすることもいとわない愛。
プラグマ（実利的な愛）	恋愛を地位向上の手段として考える。相手の選択には，社会的地位のつり合いなど，さまざまな基準を敷く。

8.7 嫉妬

　恋愛関係や夫婦関係など親密な間柄において生じがちな葛藤として嫉妬があります。嫉妬は，愛し合う者同士をさらに固い絆で結びつけもするし，逆に愛を憎しみに変えることもあります。嫉妬についての心理学的研究では，ホワイト（1981）が，認知，情動，行動という3つの側面からとらえることを提唱して以来，ほぼそれが踏襲されています。

　たとえば，プファイファーとウォン（1989）は，相手の浮気を心配したり疑ったりする認知面，嫉妬を喚起する状況への否定的感情を経験する情動面，相手が自分から離れていくのを防ごうとする行動面の3側面からとらえる多面的嫉妬尺度を開発しています。そして，情動的嫉妬は相手への愛情と正の相関関係があるのに対して，認知的嫉妬は相手への愛情と負の関係があることを見出しています。

　神野（2016）も，認知面，情動面，行動面の3つの側面（表8-4）からとらえる多次元恋愛関係嫉妬尺度を開発しています。そこでは大学生を対象に調査が行われ，恋人が第三者に奪われることを疑う認知的な過敏さを表す猜疑的認知，関係への第三者の侵入に対する否定的感情の強さを表す排他的感情，関係の裏に第三者の存在を警戒・詮索する度合いとしての警戒行動という3つの因子が抽出されています（表8-5）。そして，これら3つの因子とも，見捨てられ不安と正の相関関係にあることを確認しています。

　また，事実に基づいた嫉妬か妄想的な嫉妬かという観点も重要です。ブリングル（1991）は嫉妬には反応型嫉妬と疑念型嫉妬があるとし，パロット（1991）も嫉妬には事実に基づいた嫉妬と疑惑的な嫉妬があるとしています。事実に基づいた嫉妬は，その現れ方にもよりますが，基本的には正当な嫉妬といえます。しかし，妄想的な嫉妬は，不必要に相手を困惑させ，自分自身も苦しむので，病的な嫉妬といってよいでしょう。

表 8-4　親密な関係における嫉妬の3要素 （神野，2016 より作成）

【認知的要素】
親密な関係への第三者の侵入を疑う病理的・妄想的過敏さ。
【情動的要素】
認知的要素より幾分正当とされる嫉妬喚起状況への感情反応。
【行動的要素】
関係への第三者の侵入や関係崩壊を防衛・警戒しようとする行動。

表 8-5　多次元恋愛関係嫉妬尺度 （神野，2016）

「猜疑的認知」因子
【項目例】
- だれかに X さんをとられるかもしれないと考えることがある。
- X さんがだれかに夢中になっているのではないかとおもいがちである。

「排他的感情」因子
【項目例】
- X さんがだれかといちゃいちゃしていたら，不機嫌になる。
- X さんが誰かに寄り添って楽しそうにしていたら不機嫌になる。

「警戒行動」因子
【項目例】
- X さんに，だれと何をしていたのか，何を話していたのかを聞くことが多い。
- X さんがどこへ行くのか，どこにいるのかを聞くことが多い。

家族関係

9.1 親子関係と子どもの性格

　親の養育態度と子どもの性格の関係については，多くの研究が行われていますが，自己信頼感の強い子どもになるよう育てるには民主的かつ厳格なしつけがもっとも望ましいという点については，おおむね見解は一致しています。

　クーパースミス（1971）は，養育態度を受容性，許容性と罰，民主的慣行，独立性の訓練の4つの次元でとらえ，それらの態度と子どもの自己評価との関係を検討しています。その結果，子どもの友だちをよく知っているなど，受容的でわが子に強い関心をもち，許容的でなく注意深く子どもの行動を規制し，時に罰を与えることも辞さないが，厳しさはあっても民主的精神をもつ親のもとで，自己評価の高い子どもが育ちやすいことがわかりました。

　バウムリンド（1967）は，統制の厳しさ，コミュニケーションの明快さ，成熟の要求度，養育的温かさという4つの次元に基づいて，権威主義，厳格，寛容という3つの育児様式を抽出しました（表9-1）。それらと子どもの自己有能感の関係をみると，厳格な親の子どもは，自律性が高く，自己主張的であるとともに友好的で，達成動機が強く，満足感をもち，自己有能感がもっとも高いことがわかりました。一方，権威主義的な親の子どもは，活力が乏しく，引っ込み思案で，達成動機が弱く，不満が多く，自己有能感は低くなっていました。また，寛容な親の子どもは，依存的で，自己コントロール力に欠け，自信がなく，達成動機が弱く，自己有能感はもっとも低いことがわかりました。

　このような親の養育態度が子どもの性格形成に及ぼす影響に関する研究に対して，ベル（1968）は，親の養育態度は子どもの気質に応じて決まってくるのであって，親の養育態度と子どもの性格との相関は，これまで常識とされてきたのとは逆方向に解釈すべきだといいます。つまり，親の養育態度と子どもの性格との相関は，特定の養育態度が特定の子どもの性格形成を促したという方向ではなく，子どもが元々もっている特定の気質的特徴が親から特定の養育態度を引き出すといった方向で解釈すべきだというのです（図9-1）。

　実際は，双方向の影響関係があると考えられますが，子どもの性格が遺伝的素質によってかなり規定されていることが明らかになってきていることからし

表 9-1 育児様式の3タイプ (バウムリンド, 1967；デーモン, 1983 より)

パターン	統制 高	統制 低	コミュニケーションの明快さ 高	コミュニケーションの明快さ 低	成熟の要求 高	成熟の要求 低	養育の思い 高	養育の思い 低
権威主義的	○			○	○			○
厳格的	○		○		○		○	
寛容的		○	○			○	○	

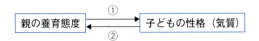

①：親の養育態度が子どもの性格形成に影響する。
②：子どもが生まれつきもっている性格（気質）が親の養育態度を引き出す。

図 9-1 親の養育態度と子どもの性格の関係

ても，子どもの性格が親の養育態度を規定するという視点は重要といえます。たとえば，ブラゼルトン（1973）は，新生児の行動評定により，抱かれやすさに個人差があることを見出していますが，親に抱かれることを積極的に喜ぶ抱かれやすいタイプの赤ん坊のほうが，親から温かい愛情を注がれやすく，世話を焼かれやすいと考えられます。コーナー（1974）は，泣き方（長さや頻度）や視覚的敏感さには誕生時にすでに個人差があることを見出しています。ここからも，よく泣く子はおとなしい子よりも親から世話を焼かれやすいというように，新生児の個性が親から子への働きかけを規定していることが示唆されます。

　安藤（2009）は，一卵性双生児と二卵性双生児の性格や知能の類似性を検討したいくつかの共同研究の結果をまとめています（図9-2）。一卵性双生児の類似度と二卵性双生児の類似度の差が大きいほど遺伝規定性が強いことを意味します。図によれば，神経症傾向（情緒不安定性），外向性，開放性（経験への開放性），調和性（協調性），誠実性（信頼性）といった特性5因子説（ビッグ・ファイブ）でとらえられた性格特性は，いずれも一卵性双生児のほうが類似性がはるかに高くなっています。このことは，これらの性格特性が遺伝によって強く規定されていることを意味します。

9.2 家族の機能

9.2.1 家族が担う諸機能

　岡堂（1999）は，家族のもつ機能として，衣食住を確保し生命・生活を維持していく機能，個人および家族が直面する危機に対処し，それを克服していく機能の2つをあげています。柏木（2003）は，家族の機能を対内的機能と対外的機能に分け，前者には生理的欲求の充足機能や子の養育機能が含まれ，後者には労働力の提供および再生産機能，生産機能や消費機能が含まれるとしています。エプスタインたち（1993）は，家族の機能として，問題解決，コミュニケーション，家族内役割，情緒的応答性，情緒的親密性，行動制御をあげています。問題解決とは，家族機能の有効性を維持すべく問題を解決する能力を指します。コミュニケーションとは，言語的および非言語的情報が家族内で交換

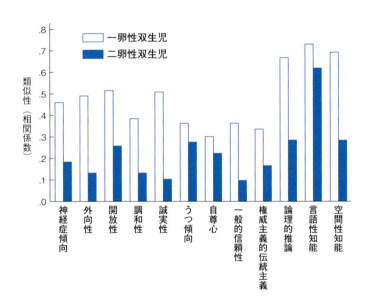

図 9-2 双生児研究からみた性格や知能の遺伝規定性（安藤，2009）

される様式のことです。家族内役割とは，家族機能を遂行するために家族成員が繰り返す行動パターンのことです。情緒的応答性とは，他の家族成員に対して適切なやり方で情緒的に反応する能力を指します。情緒的親密性とは，個々の家族成員の活動や関心に対して家族が全体として関心を示し，尊重することを指します。行動制御とは，家族の置かれた状況に対処するために家族が用いる行動パターンのことです。ビーバーズとハンプソン（2000）は，家族機能として有能性，凝集性，指導性，情緒表出性をあげています。

　このように家族機能に関してはさまざまな分類がなされていますが，諸理論が提示している機能を概念的に検討してみると，家族機能を以下の5つに類型化することができます（表9-2）。エプスタインたちやビーバーズとハンプソンがあげている家族機能は，ここで4にあげた家族内コミュニケーション機能に含めることができます。その一部は5にも関わってきます。5は1から4の4つの機能を社会的必要性に応じてうまく駆使する機能であると言い換えてもよいでしょう。これらの機能をどの程度発揮できるかによって，個々の家族の健康性を評価することができます。

9.2.2　家族の危機と家族適応性

　家族適応性として，岡堂（1999）は，家族が日常生活の上で取り組む課題を解決する能力と安定を維持していく働きをあげています。すなわち，うまく機能している家族は，日常生活で取り組むべき課題を解決することで安定を維持していくことができ，うまく機能していない家族は日常生活で取り組むべき課題を解決することができず安定を維持することができないとみることができます。岡堂は，家族心理療法が必要な家族には，家族危機に際して的確な対応がとれなかったケースが多いとしています。カムシルとエプスタイン（1994）は，家族機能と青年期の子どもの抑うつとの関係を検討し，家族における凝集性と適応性に対する満足の水準が青年の抑うつ傾向と強く関係していることを見出しています。

　このように家族機能の適応性としては，家族危機に際してうまく対処できるかどうかが問われます。家族危機とは，家族が対応を迫られている危機的状況

表 9-2 家族機能の類型化

1. 生計維持機能（衣食住の充足）
2. 養育機能（子どもの養育および社会化）
3. 保護・介護機能（病人・けが人の世話，高齢者・障害者の介護）
4. 家族内コミュニケーション機能（情緒的安定性や自己受容を促進し，意思の疎通を促進するようなコミュニケーション）
5. 社会的適応機能（家族システムの発達段階に合わせて家族関係のあり方を調整し，発達的および偶発的な家族の危機にうまく対処すること）

を指しますが，それには発達的危機と状況的危機があります。発達的危機とは，家族の発達に伴って必然的に生じ，各発達段階において多くの家族が対応を迫られる危機のことです。状況的危機とは，倒産や失業，災害や事故，不況，病気など，偶発的に生じ，たまたま特定の家族が対応を迫られる危機のことです（図9-3）。

9.2.3 文化的変動に伴う家族機能の変化

佐藤（1996）は，家族の機能が福祉から幸福へと主観的・心理的な色彩を強めていると指摘しています。家族がケアの機能をもつ福祉志向集団から主観的・情緒的な幸福追求集団へと変容しつつあるとする森岡（2000）の指摘も同じ動きに着目したものとみなすことができます。

ここでいう福祉機能とは，先にあげた筆者の家族機能類型では保護・介護機能に相当しますが，この機能に限らず，サービス産業の発展や福祉政策の充実に伴って，従来家族が担っていた機能の外部化が着実に進行しています。たとえば，生計維持機能も，外食産業の発展や工業製品のコストダウンにより，急速に外部化が進んでいます。養育機能も同様です。子どもの養育は親の努めといった伝統的価値観の崩壊や保育サービスの充実によって，子育ての外部化が大規模に進行中です。こうした流れは，家族にはどのような機能が残されるのか，そもそも家族という制度は必要なのかといった議論さえ生んでいるのです。

家族機能の脆弱化への対応として，社会福祉政策の強化やサービス産業の振興がますます必要とされているというのが，紛れもなく現代の家族が置かれている状況です。しかし，もう一方で考えなければならないのは，家族がかつて担っていた機能の再生・強化といった方向の模索です（図9-4）。たとえば，家族成員が子どもの養育機能をよりよく発揮したり，病者や高齢者に対する介護機能をよりよく発揮したりできるように，教育的働きかけをしたり補助的役割を果たすということも重要な意味をもつと考えられます。

```
┌─ 発達的危機   家族の発達に伴って必然的に生じ，各発達段階において
│              多くの家族が対応に迫られる危機
│
└─ 状況的危機   偶発的に生じ，たまたま特定の家族が
               対応を迫られる危機
```

図 9-3　家族の危機

```
家族機能の外部化
      │
      │ 外食産業の発展，工業製品のコストダウン，
      │ 保育サービスの充実，……
      ▼
家族機能の脆弱化への対応
      ┌─ さらなる社会福祉政策の強化，サービス産業の振興
      └─ 家族がかつて担っていた機能の再生・強化
```

図 9-4　家族機能の脆弱性とその対応

9.3 子育てストレス

　榎本（2006）は，大阪市の201の幼稚園に通う園児の母親を母集団とする大規模な調査を実施しています。その結果，子育てストレスをもつ母親が過半数に達することを見出しています。母親の心理状態としては，「いつもイライラしている」が35％，「よく自分を責める」が26％，「気持ちが落ち込んでいる」が20％となっています。なぜイライラしたり落ち込んだりするのかといえば，子どもが思い通りにならず，どうしたらよいのか途方に暮れたり，子育てに自信がもてなくなるからと考えられます。その証拠に，「思うとおりに子どもが動かずイライラする」が55％，「子どもの行動を冷静に受けとめられない」が63％，「子どもについての心配事がたくさんある」が40％となっています。さらには，「育児ノイローゼになる人の気持ちがよくわかる」という母親が55％と半数を超えています。

　母親の心理状態に影響する要因として，母親を取り巻く人間関係的環境があると考えられます。近所づき合いに関しては，「近所に親しく話せる人がいる」が84％，「育児について相談できる人がいる」が72％と，近所に育児について相談したり親しく話したりする相手がいるという母親が多数派を占めます。ただし，「近所に親しく話せる人がいない」が10％，「育児について相談できる人がいない」が17％，「子育てを協力し合える近所付き合いがない」が21％というように，孤立した状況で子育てしている母親が2割程度いました。

　そこで問われるのが，母親自身の人間関係力ですが，「なかなか友だちができない」が15％，「親同士の交流をあまりしていない」が20％，「お互いにサポートできる友人がいない」が17％となっています。さらに，「引っ込み思案である」が27％，「人間関係は煩わしい」が26％，「親同士の人間関係に悩むことがある」が26％，「親同士のグループでのかかわり方が難しい」が30％，「人の輪に入っていくのが苦手だ」が32％となっており，2割から3割程度の母親が人づき合いを苦手としていることがわかります（表9-3）。

　さらに，重回帰分析により，子育てストレスを構成する子育て不安，子育てノイローゼ，子育て閉塞感の3因子に影響する諸要因を検討しました。その結

表 9-3 幼児期の子どもをもつ母親の心理状況（榎本，2006 より作成）

母親の心理状態

「思うとおりに子どもが動かずイライラする」	55%
「育児ノイローゼになる人の気持ちがよく分かる」	55%
「いつもイライラしている」	35%
「よく自分を責める」	26%
「気持ちが落ち込んでいる」	20%

子育てで困っていること

「子育てに自信が持てない」	17%
「子どもをどのようにしつけたらいいか分からない」	18%
「子どもについての心配事がたくさんある」	40%
「子どもの行動を冷静に受け止められない」	63%
「自分は子育てに向いていないのではないかという不安に襲われることがある」	23%

近所付き合い

「近所同士の交流が多い」				49%
「近所に親しく話せる人がいる」	84%	「いない」		10%
「育児について相談できる人がいる」	72%	「いない」		17%
「子育てを協力し合える近所付き合いがない」				21%
「地域の子ども会活動などに参加していない」				50%
「近所に世間話をする顔見知りがいない」				13%

母親自身の人間関係力

「なかなか友達ができない」	15%
「子どもが幼稚園にいるときは一人で過ごすことが多い」	24%
「親同士の交流をあまりしていない」	20%
「人の輪に入っていくのが苦手だ」	32%
「お互いにサポートできる友人がいない」	17%
「引っ込み思案である」	27%
「人間関係は煩わしい」	26%
「親同士の人間関係に悩むことがある」	26%
「親同士のグループでの関わり方が難しい」	30%

果，子育て不安に対しては，子育ての価値を否定する価値観がもっとも大きな影響をもち，子どもの性格が消極的・非協調的・衝動的であることや母親自身が近所づき合いに消極的であること，子育てをめぐり親との葛藤があることが影響していました。子育てノイローゼに対しては，子育ての価値を否定する価値観がもっとも大きな影響をもち，子どもより自分を優先する価値観をもつこと，子育て観をめぐり親との葛藤があること，子どもの性格が衝動的・非協調的・消極的であることなども影響していました。子育て閉塞感に対しては，子育ての価値を否定する価値観がとくに大きな影響をもち，子どもの性格が衝動的・消極的であることや母親自身が近所づき合いに消極的で顔見知りが少ないこと，子育て観をめぐり親との葛藤があることなどが影響していました（図9-5）。

　子育てに従事している親が心理的に追い込まれ，子どもに対して否定的な態度を示しがちとなる背景として，子育ての私事化および個に閉ざされた自己感覚を指摘することができます。子育ての私事化が，子どもに対する社会化機能の低下や子育てをしている親の情緒的不安定をもたらすという形で，家族の養育機能の低下をもたらしていると考えられます。一方で，自己実現思想の偏った受け止め方によって，個に閉ざされた自己感覚が蔓延し，それがエリクソンのいう世代性の概念にみられるような次世代への献身の価値の低下を生じさせ，自己中心的な欲望の追求に親世代を駆り立てているとみることもできます。したがって，子育ての意義や価値を社会的に明確に位置づけ直す必要があるとともに，個人の中に閉じこもらずに他者や社会に開かれたアイデンティティの感覚（榎本，1995, 1997）を培っていく必要があるでしょう。このようなことは，脆弱化しつつある家族機能を回復・向上させるといった方向の動きにもつながっていくといえます。

9.4 家族システム論からみた家族の人間関係

9.4.1 システムとしての家族

　家族システム論では，家族を1つの有機体であるかのように扱います。システムというのは，相互に依存し合う構成要素から成っており，システム内のあ

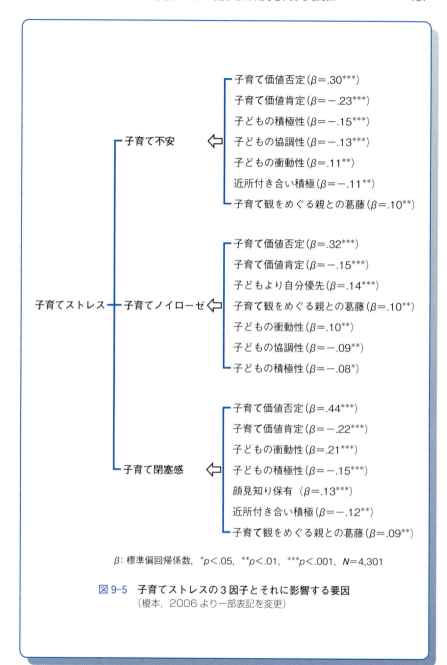

図 9-5　子育てストレスの3因子とそれに影響する要因
（榎本，2006 より一部表記を変更）

る構成要素の変化は他の構成要素の変化を促し，その結果としてシステム全体の変化が生じることになります。この考えを家族にあてはめたのが家族システム論です。家族システム論では，家族は個々の家族成員同士の相互関係によって成り立つ生きたシステムとみなされます。その中には，父親（夫），母親（妻），息子，娘といった構成要素があり，システムによっては祖父や祖母などの構成要素が含まれます。これらの構成要素が，夫婦，母子，父子，きょうだいなどのサブシステムを構成します。もちろん，1人の人物がサブシステムを構成することもあります（図9-6）。

　家族システム論では，ある構成要素（特定の人物）に問題が生じた場合，その構成要素のみにアプローチするのでなく，サブシステムやシステム全体に働きかけることをめざします。そこでは，サブシステムの構造やサブシステム間の関係が変化することで，家族システムが変わり，その結果として問題になっている構成要素にも変化が生じるという考え方が前提となっています。

　たとえば，思春期の子に何らかの問題が生じた場合など，一般的には，その子個人の問題として理解し，対処しようとします。それに対して，家族システム論の立場からは，たまたまその特定の個人において問題が表面化したけれども，その問題の根はその個人にあるのではなく，家族というシステムの歪みにあるとみなし，家族システムを健全化することによって，個人に現れた問題を解決しようとします。もちろん，どこに問題の根があるかは個々の事例によって異なります。夫婦というサブシステムのあり方に問題があるかもしれないし，父子とか母子といったサブシステムのあり方に問題があるかもしれません。あるいは，祖父と父，祖母と母といったサブシステムのあり方に問題があるかもしれません。そこで，個々の家族成員同士の関わり方，サブシステムのあり方やサブシステム同士の関係性を検討していくことになります。

9.4.2　家族の心理構造

　構造的家族療法の創始者であるミニューチン（1974）は，システムとしての家族における成員間の関係のあり方の特徴を分析するための枠組みとして，家族の心理構造に着目しました。そして，それぞれの家族関係を規定するルール

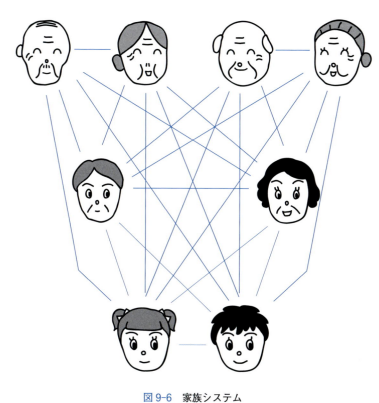

図 9-6　家族システム

を理解するための鍵となる概念として，境界，提携，勢力の3つを重視しています（図9-7）。

1. 境　界

　家族という上位システムの中には，個々の家族成員というサブシステム，あるいは複数の家族成員が結びついたものとしてのサブシステムが含まれます。システムやサブシステムを仕切るのが<u>境界</u>です。たとえば，家族全体としてのシステムと社会あるいは周囲の他の家族システムとの間を仕切る境界があります。両親で構成されるサブシステムと子どもたちで構成されるサブシステムの間には，世代による境界があります。父と息子で構成されるサブシステムと母と娘で構成されるサブシステムの間には，性別による境界があります。祖母―母親―娘というサブシステムと父親というサブシステムの間に境界があるといったケースや，父親―娘というサブシステムと母親―息子というサブシステムの間に境界があるといったケースもあり得ます（図9-8）。

　境界がとくに問題となるのは，境界が極度に堅固で相互作用が生じにくい遊離状態と，境界が極度に不明瞭で自他の区別がない未分化状態です（図9-8）。遊離状態とは，家族の成員間やサブシステム間の境界が強固で相互に浸透しにくいことを指します。このように，個々の家族成員やサブシステム同士がお互いにほとんど関わりがないような動きを示す家族を遊離家族といいます。未分化状態とは，家族メンバー間やサブシステム間の境界が不明瞭で，相互の自立性が低く，お互いに強く依存し合っていることを指します。境界が不明瞭であるため，個々の家族成員やサブシステム同士が自他の区別がついていないかのような感じ方や考え方を示します。相互の依存性がきわめて高く，それぞれの自立性が低いため，家族成員は，ことあるごとに互いに巻き込まれ，振り回されることになります。このように境界があいまいで自他が未分化な状態にある家族を網状家族あるいはもつれ家族（亀口，1999）といいます。

　一般にはある家族メンバー間あるいはサブシステム間の境界が遊離状態にあるとき，別のメンバー間あるいはサブシステム間の境界が未分化状態にあったりします。たとえば，母子密着，父親の心理的不在などといわれる状況は，母親と子どもの間の境界が未分化で，母子で形成されるサブシステムと父親との

9.4 家族システム論からみた家族の人間関係

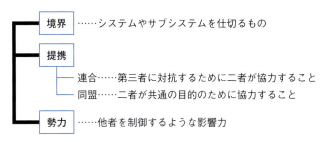

図 9-7　境界，提携，勢力

図 9-8　家族システムとして問題となる境界の例

境界が遊離しているとみなすことができます。

2. 提 携

提携には，連合と同盟があります。ヘイリー（1976）によれば，連合は，第三者に対抗するために二者が協力することを指します。一方，同盟は，二者が共通の目的のために協力することを指し，第三者との敵対関係は含みません。ここでは，連合に絞って解説することにします。典型的にみられる連合として，アルコール依存症により家族に乱暴を働く父親に対抗して母子が連合する場合や，仕事で不在がちで家庭内のことには一切無関心かつ無責任な父親に対抗して母子が連合する場合などがあります。

平木（1999）は，グリックとケスラー（1980）による家族連合の類型を参考にして，典型的な5つに類型化しています。榎本（2003）は，それをさらに7つの連合に改変して類型化しています（図9-9）。その際，典型的なものとして，父親，母親，息子，娘の四者を構成要素とする家族システムを想定しています。

1. 夫婦間の連合が強力で，親世代と子世代の世代間境界が確保され，すべてのコミュニケーション・チャンネルが等しく機能している望ましいタイプ。
2. 夫婦間の連合が欠けているか非常に弱く，父親―娘，母親―息子といった世代と性を交差した強力な連合があり，それら二者間以外のコミュニケーション・チャンネルは閉ざされており，家族システムが2つのサブシステムに分裂し，全体として機能していない，問題をはらんだタイプ。
3. 夫婦間の連合が欠けているか非常に弱く，父親―息子，母親―娘といった世代を越えた同性の強力な連合があり，それら二者間以外のコミュニケーション・チャンネルは閉ざされており，家族システムが2つのサブシステムに分裂し，全体として機能していない，問題をはらんだタイプ。
4. 母親は子世代のそれぞれと強力な連合を形成しており，子どもたちの連合も強いものの，夫婦間のコミュニケーション・チャンネルや父親と子どもたちのコミュニケーション・チャンネルは閉ざされており，父親は家族の中で孤立し，夫婦間の連合も世代間の境界もみられず，問題をはらんだタイプ。
5. 母親が娘との間にとくに強力な連合を形成し，密着状態にあり，夫婦間の

9.4 家族システム論からみた家族の人間関係

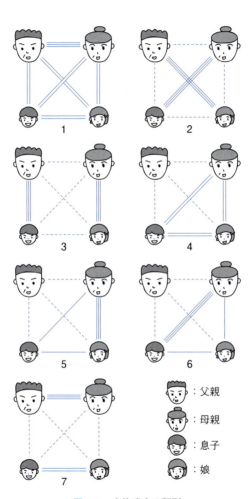

図 9-9　家族連合の類型

コミュニケーション・チャンネルや父親と子どもたちのコミュニケーション・チャンネルは閉ざされている。息子と母親や娘（きょうだい）との間のコミュニケーション・チャンネルもあまりうまく機能していない。父親は家族の中で孤立し，夫婦間の連合も世代間の境界もみられず，息子もやや遊離気味で，問題をはらんだタイプ。

6. 5の娘と息子を入れ替えた，同じく問題をはらんだタイプ。

7. 夫婦間には強力な連合があり，子ども同士のコミュニケーション・チャンネルも開かれているが，親世代と子世代との間のコミュニケーション・チャンネルは閉ざされており，世代間に亀裂があって，親としての子に対する役割が機能していないタイプ。

3. 勢　　力

　勢力とは，他者を制御するような影響力のことですが，家族システムにおける勢力は，個々の家族成員相互の影響力を指します（図 9-10）。このような意味での勢力は，だれに対するものであるかによっても，どんな問題に関してであるかによっても異なってきます。家族システム論では，家族システムの構造化に応じて勢力の配分がなされ，その配分によって家族システム内に階層ができると考えられています（国谷，1983）。そして，勢力関係やそれに基づく階層性に強いひずみがみられるとき，問題行動や深刻な葛藤が生じると考えます。遊佐（1984）によれば，勢力とは家族が機能するための機動力のようなものであり，それは適切な境界や提携が前提となって機動力を発揮することになります。たとえば，仕事で忙しくて，家に不在がちな父親の子どもに対する勢力は，母親が父親と子どもをどうつなぐかにかかっています。そこには，夫婦や親子というサブシステムのあり方が関係します。そのあたりを境界や提携といった概念で検討するのです。

　勢力には，消極的な形で行使するタイプのものもあります。たとえば，甘やかされて育った子どもは，親に甘えるといった形で要求や望みをかなえてもらうのであり，受け身ではあっても親に対する勢力は強いといえます。西村と亀口（1991）は，問題行動児をもつ家族では，家族成員間の勢力が偏っており，成員間のコミュニケーションの仕方が偏っていると想定しています。そして，

> 勢力とは……個々の家族成員相互の影響力。問題によって勢力関係が異なる。

【例】
子どもの身だしなみや日常の行動に対しては母親が勢力をもち，子どもの進路や問題行動に対しては父親が勢力をもつ。

- 父親が仕事で忙しくて家庭に不在がちな場合

母親が父親と子どもをどうつなぐかにより，父親が子どもに対して勢力をもてるかどうかが決まってくる。

図 9-10　勢　　力

症状が軽減・消失し，家族機能が回復するにつれて，成員間の勢力はより均衡化し，コミュニケーションの仕方にも偏りがなくなるという仮説のもとに，家族療法の進展に伴って勢力が均衡化していくことを実証しています。

9.4.3 家族システム論に特徴的な視点

1. 二者関係に還元しない

　子どもに何らかの問題行動が生じた場合，母子関係などの特定の二者関係にその原因を求めることが多いのに対して，そのような二者関係に還元せずに，家族システム全体の問題としてとらえようとするのが家族システム論の特徴です（表9-4）。仮に母子密着が問題だということがわかったとしても，そうした母子関係のあり方に夫婦関係の不和や希薄さが影響している可能性もあります。母親が実家の母親すなわち問題を起こした子どもにとっての祖母から心理的に自立していないことが影響している可能性もあります。

2. 双方向の因果の流れを想定

　家族システム論の特徴として，一方向の因果の流れのみでなく，双方向の因果の流れを想定するということもあります（表9-4）。子どもに何らかの問題が生じると，その原因を親の養育態度に求めることが多いものですが，親の養育態度が子どもの性格形成に影響するだけでなく，子どもの性格が親の養育態度に影響するといった逆方向の因果の流れを想定することもできます。多くの場合，どちらか一方の因果の流れのみが正しいということはなく，双方向の因果の流れがあって，相互の影響が循環し強化し合っているとみることができます。

3. 目的論的な受け止め方

　家族システム論の特徴として，必要に応じて目的論的な見方をとることがあります（表9-4）。家族の一要素であるだれかに問題が生じたとして，なぜこのような問題が生じたかを原因に遡ってとらえようとするのではなく，この問題には家族システムの歪みを正すという積極的な意味があるとみなすのです。いわば，家族システムの機能不全を解消し，より健全な家族システムを再構築するために，ある個人に問題が生じたとみるわけです。つまり，因果論でなく目的論によって，問題行動のもつ意味を理解しようとするのです。

表 9-4　家族システム論に特徴的な 3 つの視点

---

1. 二者関係に還元しない
【例】
母子密着の場合でも，その他の関係についての検討も行う。

2. 双方向の因果の流れを想定
【例】
子どもに問題が生じたとき，その原因として親の養育態度を検討するだけでなく，子どもが元々もっている性格についても検討する。

3. 目的論的な受け止め方
【例】
子どもに問題が生じたとき，なぜこのような問題が生じたのかと原因を探るだけでなく，この問題は何を目的として生じたのかといった視点での検討も行う。

態度変容と説得的コミュニケーション

10.1 態度と態度変容

10.1.1 態度とは

　心理学でいう態度というのは、「あの人は態度が悪い」などというときの態度とは異なり、好き嫌いとか信念のようなものを指します。日本社会心理学会が編集した『社会心理学事典』では、態度とは「経験を通じて体制化された心理的あるいは神経生理的な準備状態であって、生活体が関わりをもつすべての対象や状況に対するその生活体自体の行動を方向づけたり変化させたりするもの」であるというオルポートの定義を紹介しています（表10-1）。オルポートによれば、態度とは生活体の反応準備状態であり、一定の動作や行動を方向づけたり変化させたりするものということになります。

　態度は、感情、認知、行動という3つの成分で構成されていると考えられています。たとえば、好き嫌いでものごとを判断するのは、感情的成分による態度の表明といえます。現政権の政策に対する批判的な意見を口にするのは、認知的成分による態度の表明といえます。電気を使うと地球温暖化につながるからといってできるだけエアコンの使用を控えるというのは、行動的成分による態度の表明といえます。

10.1.2 態度変容と説得的コミュニケーション

　説得とは、同じく『社会心理学事典』によれば、「送り手が、主に言語的コミュニケーションを用いて非強制的なコンテクストの中で、納得させながら受け手の態度や行動を意図する方向に変化させようとする社会的影響行為あるいは社会的影響過程」ということになります（表10-2）。わかりやすくいえば、説得というのは相手の態度をこちらの思う方向に変化させようとすることであり、その際に用いるのが説得的コミュニケーションということになります。

　このような説得的コミュニケーションに関しては、さまざまな特徴が指摘されていますが、それらは表10-3のようにまとめることができます。

　マクガイア（1985）によれば、説得的コミュニケーションは、説得的メッセージに接して行動が変化するまでの一連の過程であり、そこには①接触、②

表 10-1　態度の定義（『社会心理学事典』2009 より）

経験を通じて体制化された心理的あるいは神経生理的な準備状態であって，生活体が関わりをもつすべての対象や状況に対するその生活体自体の行動を方向づけたり変化させたりするもの。

表 10-2　説得的コミュニケーションの定義（『社会心理学事典』2009 より）

送り手が，主に言語的コミュニケーションを用いて非強制的なコンテクストの中で，納得させながら受け手の態度や行動を意図する方向に変化させようとする社会的影響行為あるいは社会的影響過程。

表 10-3　説得的コミュニケーションの特徴（深田，1998）

1. 説得的コミュニケーションは，言語的コミュニケーションであり，非言語的コミュニケーションの役割は補助的である。
2. 説得的コミュニケーションは，他者の態度や行動を変えることを目的とする。
3. 説得的コミュニケーションは，他者を納得させるための議論や論拠を含んでいる。
4. 説得的コミュニケーションは，意図的なコミュニケーションである。

注目，③理解，④承諾，⑤保持，⑥検索，⑦決定，⑧行動という段階があります。これを実際の場面にあてはめた具体例を**コラム 10-1** で紹介しています。

ホブランドたち（1953）は，説得効果を規定する要因として，①送り手，②内容，③媒体，④受け手の4つをあげています。これをもとに説得力あるコミュニケーションの要因について考えてみましょう。

1. 送り手の要因

信用できそうな人物，魅力的な人物は説得力があります。したがって，説得力を高めるための第一歩は，「送り手」の信頼度を高めること，「この人（企業，店）は信用できそう」といった印象を与えることです。服装や言葉遣いを気にするのも，信頼できる印象を与えたいからに他なりません。何よりも重要なのは，説得内容に関連した知識や情報を十分に吸収し，専門性を高めておくことです。それが信頼につながります。また，魅力も説得力につながります。人の話に耳を傾け，言葉と心のキャッチボールができる人は，間違いなく魅力的人物といった印象を与えます。好印象を与える人の話は，抵抗なく心の中にスッと入ってきます。このように信頼や魅力があるかどうかで，同じ説得内容であっても説得力に大きな差が出ます。

2. 内容の要因

説得的コミュニケーションの要となるのは，もちろん内容です。信頼性の高い内容でなければ，なかなか相手に受け入れられないでしょう。だからといって，伝えたい内容をただ説明すればよいというわけではありません。信頼できる内容であっても，それをうまく伝えることができなければ，相手の関心を引きつけたり，相手の行動に影響を与えたりすることができません。そこで，説得的コミュニケーションについては，さまざまな効果的な技法が考案されています。具体的な技法については，つぎの節で解説します。

3. 媒体（メディア）の要因

視聴覚メディアには説得力を高める効果があるため，視聴覚メディアを駆使して説得力を高める工夫が盛んに行われています。パワーポイントなどで図解し，チャート式の流れを示すなど，視覚にアピールするというのはよく使う手段です。これによって，こちらの話を整理しながら聴いてもらえます。音響効

コラム10-1　説得的コミュニケーションの流れ

　あなたがある会社の人事部の社員だとします。
　ある日，受付から「ある研修会社の営業が社員研修としてコミュニケーション研修を紹介したい」といっていると連絡がきました（①接触）。あなたはちょうど，次の社員研修を企画しなければならないと思っていたので，会って話を聞くことにしました（②注目）。
　その研修会社の営業は，最近の若手社員のコミュニケーション能力欠如の現状，コミュニケーション能力とモチベーションとの関係，仕事におけるコミュニケーションの重要性などを順序だててわかりやすく説明していきます。話が終わるころには，まったくそのとおりだと納得し（③理解），コミュニケーション研修は絶対的に必要だという意見に賛同しました（④承諾）。こちらが社内会議にかけて検討することを約束すると，研修会社の営業は帰っていきました。
　それから数日後，あなたの会社の若手社員が人事部に駆け込んできました。「上司が自分の失敗を一方的に非難し，自分のいい分をまったく聞いてくれなかった。その後，ずっと否定的な目で見られている気がして精神的に参っている」と感情的に訴えています。この場に遭遇したあなたは，「あの研修会社の営業がいっていたように，社員同士がお互いをわかり合えるようになるためには，コミュニケーション研修の実施が必要だ」と改めて感じました（⑤保持）。
　あなたは，研修の実施を決定する会議に向けて資料をつくるため，ほかの研修会社のコミュニケーション研修についても調査し，比較・検討することにしました。内容や種類，料金，効果，評判など，多方面から検討します（⑥検索）。会議では，作成した資料にもとづいて話し合いが行われ，最終的に，営業にやってきた会社の研修がよいということになり（⑦決定），依頼しました（⑧行動）。
　このように，事例で示すと，各項目についてのイメージがつかめると思います。とはいっても，私たちは説得的コミュニケーションを使うごとに，これが「接触」，これが「承諾」といちいち意識しているわけではありません。ですが，この流れを念頭に置くと置かないとでは，説得的コミュニケーション能力の高まりに雲泥の差が出ます。成功例や失敗例を振り返り，①〜⑧のどの部分で失敗したのか，あるいは成功したのかを考えることは，ただ漠然となぜ失敗したのかと考えるより，はるかにポイントが明確になり，反省を次に活かしやすくなるのです。
（立花　薫（著）榎本博明（監修）『論理的に説得する技術』SBクリエイティブ，2014年より）

果を利用することもあります。動画を用いることもありますが，映像には，理屈抜きに感覚にアピールしたり，感情を喚起するなど，説得を受け入れやすい心理状態に導く力があります。とくにストーリー性のある映像は，人の気持ちを動かす力をもちます。

4. 受け手の要因

　同じ説得でも，相手によって効果が異なります。相手の性格や興味，価値観，知的好奇心や知的水準によって，対応を工夫することも大切です。権威主義的な人物は，専門家や専門誌を引き合いに出すと説得されやすい心の状態になります。野球が好きな人物は，野球談義によって気持ちがほぐれ，話を聴いてみようという心の構えになります。社会貢献に価値を置く人物は，いかに社会の役に立つか，利潤追求に価値を置く人物は，いかに大きな利益を生むかに焦点づけたプレゼンによって，提案を受け入れやすい心の準備状態になります。知的好奇心の乏しい人物に対しては，具体的で単純明快な説明が効果的です。詳しくていねいに説明しようとすると，かえっていらつかせることになりがちです。反対に，知的好奇心の強い人物は，単純すぎる説明を疑わしく感じたり，押しつけがましく感じたりするため，製品や提案の長所だけでなく短所も示したり，背景となる事情を解説するなど，多面的な情報を用いて説明しないと納得してもらえません。

　説得力ある説明や交渉をしたいと思うなら，このような要因を念頭に置いて対処することが大切です。いくら説得内容に自信があっても，不信感をもたれたり，めんどくさがられるなど，相手側の心理的抵抗が障害になることがあります。心理的抵抗を示す相手に対して，いくら視聴覚メディアを駆使して説得しようとしたところで，多くの場合は徒労に終わります。まずは，相手の心理的抵抗を和らげる必要があります。

　ノールズとリン（2004）は，説得への心理的抵抗の4つの要因をあげています。

1. リアクタンス＝奪われた自由を取り戻そうとすること。
2. 不信＝警戒心が強く，相手の提案や説明を疑うこと。
3. 吟味＝相手の提案や説明を慎重に検討しようとすること。

> **コラム10-2** 説得への心理的抵抗の4つの要因
>
> ①リアクタンス
>
> 　タンスを買おうと思って家具店に出かけ，候補をAとBの2つに絞ってじっくり検討し，Aの方がよさそうだということになり，翌日お金をもってAを買いに来ることにしたとします。翌日，家具店のタンス売り場に行ってみると，Bのタンスに「売約済み」と書いた紙が貼ってあります。そうすると，急にBが魅力的に思えてきて，店員をつかまえて，Bを取り寄せることはできないのかと訊いたりします。（中略）昨日はじっくり検討してBよりAの方がいいと思ったくせに，選択肢Bが奪われると，急にBがほしくなるのです。
>
> ②不信
>
> 　説得者の与える印象も説得への抵抗感を生むことがあるので，服装や言葉づかいに注意するのは当然として，内面の心構えにも注意が必要です。相手方に対して誠意をもって臨んでいるか，自分の利益ばかりしか眼中にないかは，雰囲気で直感的に伝わります。
>
> ③吟味
>
> 　重要な交渉ではだれもが慎重になります。相手方の批判的思考や検討に耐えられるように，こちら側の主張の根拠を多面的に示すなど用意周到に資料を作成しておく必要があります。
>
> 　また，万一の質問に戸惑わないように，あり得る質問をシミュレーションしながら，回答のための資料も用意しておくべきでしょう。弱点を突かれた場合の説明も考えておき，そのための資料も用意してあれば説得力が増します。
>
> ④惰性
>
> 　何に関しても現状を変えるには相当なエネルギーがいるため，よほどのことがないかぎり現状維持を続けたがる習性が私たちにはあります。そこを打破しない限り，売り込みや提案の交渉で先に進むことはできません。
>
> 　そのため，現状ではどんな行き詰まりが想定されるか，変えることでどんなメリットが期待されるかを，データや事例を駆使して，具体的にイメージできるように示していく必要があります。
>
> （榎本博明『仕事で使える心理学』日本経済新聞出版社，2014年より）

4. 惰性＝めんどくさがって，なかなか現状を変えようとしないこと。

　これら4つの要因が働いている具体的な事例については，**コラム10-2**を参照してください。

10.1.3　説得的コミュニケーションの情報処理モデル

　チェイケン（1980）は，説得を受けたときの情報処理プロセスをシステマティック処理とヒューリスティック処理に区別する二重プロセス理論を提起しています。**システマティック処理**とは，入手可能な情報を慎重に考慮し，あらゆる角度からじっくり検討して判断する情報処理のスタイルを指します。それに対して，**ヒューリスティック処理**とは，簡便な情報処理法のことで，断片的な情報や特定の情報に反応して直感的にすばやく判断する情報処理のスタイルを指します（**図10-1**）。

　本来，重要な判断をする際に，システマティック処理をするのは当然のことで，だれもが自分はじっくり検討して最適な判断をしているつもりでいます。ところが，無意識のうちにヒューリスティック処理を用いて，考慮すべき情報を無視したり，じっくり検討するのを忘れてしまったりします。いちいち自分でじっくり考えて検討する労力を節約しようという無意識的な衝動に負けて，ヒューリスティック処理に頼ってしまうのです（**表10-4**）。

　このような労力の節約によって不利な条件で契約したり，愚かな選択をしたりしないためには，説明責任を意識することです。ものごとを判断する際に，緻密に考えようとする人は認識的動機が強い人といえます。認識的動機とは，ものごとを理詰めで理解したがる傾向を指します。反対に，緻密に考えずに安易に判断しがちな人は認識的動機が弱い人といえます。認識的動機の強い人物者はシステマティック処理を行うことが多く，認識的動機の弱い人物はヒューリスティック処理を行うことが多いことがわかっています。同じ人物でも，説明責任を意識すると，認識的動機が強まります。あらゆる情報を理詰めで検討しないと，なぜそのように判断したかを説明することができないからです。何となくよいと思った，あの人が推薦するのだから間違いないと思った，高価なほうが性能がよいと判断した，あの百貨店に出店してるから大丈夫だと思った，

システマティック処理……入手可能な情報を慎重に考慮し，あらゆる角度からじっくり検討して判断する情報処理のスタイル

ヒューリスティック処理……簡便な情報処理法のことで，断片的な情報や特定の情報に反応して直感的にすばやく判断する情報処理のスタイル

図 10-1　二重プロセス理論（チェイケン，1980）

表 10-4　ヒューリスティック処理の例

「A 社も採用しているというのだから問題ないだろう」
「あの人が推薦するのだから間違いないだろう」
「高価なほうが性能が良いに違いない」
「あの有名人が宣伝に出てるんだから安心だ」
「あの百貨店にも出店してるというのだから大丈夫だろう」

などというのでは説明責任を十分果たせません。説明責任を意識することによって，あらゆる情報や条件に目を向け，集中力をもってじっくり検討する姿勢をとらざるを得なくなります。とくに忙しくて余裕のないときや疲れているときは，ふっと気が抜けて，ヒューリスティック処理で安易な判断をしてしまいがちなので注意が必要です。

　ペティとカシオッポ（1990）は，交渉相手からの情報を頭の中で処理するプロセスには，中心ルートと周辺ルートの2つがあるといいます。中心ルートは，こちらを説得しようとして相手が主張してくる内容について，それが妥当かどうかをじっくり検討する情報処理プロセスを指します。一方，周辺ルートは，説得内容とは直接関係のない情報，つまり周辺的手がかりによって判断する情報処理プロセスのことです。動機づけや能力が十分にある場合は中心ルートが作動し，それらが乏しいと周辺ルートが作動します（コラム10-3）。

　そうした事態に陥るのを防ぐには，以下のような心がけが必要です。

　第1に，交渉に向かう前に，関連する知識や情報を十分に収集し，そのエッセンスだけでも頭に入れておくこと。知識や情報がなさすぎると，相手の言うことを鵜呑みにするしかなく，思考停止状態に陥ってしまいます。

　第2に，交渉時には他の懸念事項は頭から排除し，目の前の交渉にひたすら集中すること。他のことに気をとられていると，集中力が持続せず，思考が雑になってしまいます。

　第3に，急いで決めなければ，何とか話をまとめて合意に達しなければなどと思わないこと。慌てる側がいつも不利になります。

10.2　説得的コミュニケーションの技法

　説得的コミュニケーションの技法については，多くの研究が行われ，さまざまな技法が開発されており，実際の交渉場面でも使われています。相手が駆使する技法にうっかりだまされないためにも，代表的な技法について知っておくべきでしょう。

コラム10-3　中心ルートと周辺ルート

　動機づけや能力がある場合，つまり相手の説明をしっかり理解しようという思いがあったり，関連する知識や情報をもっていたりすると，中心ルートの情報処理プロセスが作動し，相手の主張の妥当性をじっくり検討して判断することになります。

　相手があげる根拠に対して，「その根拠は，ほんとうに正しいのだろうか？」とじっくり理詰めで検討しようとします。

　相手が示すデータや事例についても，
「ここに示されているデータは，どのようにして得られたものなのか？」
「このデータや事例から，ほんとうにそんなことが言えるだろうか？」
とデータや事例を提案内容に結びつける妥当性を自分で考えてチェックしようとします。そして，最終的な提案内容や金額に関しても，
「提案内容は理解できたが，これではたしてうまくいくだろうか？」
「この内容でこの金額は，コスト・パフォーマンスからみて妥当だろうか？」
などと，相手の主張を批判的に検討し，慎重に判断しようとします。

　ところが，動機づけや能力が乏しい場合，つまり忙しすぎて気持ちに余裕がなかったり，何としても話をまとめないと，と焦っていたり，関連する知識や情報が不足していたりすると，周辺ルートの情報処理プロセスが作動し，相手の主張をじっくり検討することなしに判断してしまいます。

　わかりやすくグラフ化したデータを見せられると，
「ほんとだ，たしかに効果があるようだ」
と視覚的に反応してしまい，専門誌の関連記事を見せられると，
「そんなものなのか」
と納得し，専門家が推奨しているとか多くの経営者が導入を検討していると言われると，
「なるほど，いいかもしれない」
と思い始めます。さらに専門的知識を散りばめて説明されると，
「この人がこんなに言うんだからそれがいいのかもしれない」
と，その気になってしまう。結局，相手の提案内容もその根拠もしっかりと検討することなしに，相手のペースに巻き込まれて，何となく感覚的に納得してしまうのです。
(榎本博明『仕事で使える心理学』日本経済新聞出版社，2014年より）

10.2.1 フット・イン・ザ・ドア技法

フット・イン・ザ・ドア技法とは，はじめに小さい要求をして受け入れさせてから本来の要求をする手法のことです。

　小さい要求をいったん受け入れてしまうと，その後に突きつけられる大きな要求を断りにくい心理状態になります。その背後にあるのは，自分は一貫性のある人物でありたいという強い欲求です。フェスティンガーの認知的不協和理論からすれば，人はだれでも自分の心の中に一貫性をもたせたいと思い，矛盾を嫌います。そこにつけ込む技法といえます。

　心理学者フリードマンとフレーザー（1966）は，フット・イン・ザ・ドア技法について多くの実験を行い，その説得効果を実証しています。たとえば，調査員が見ず知らずの主婦たちに電話をして，家庭の台所用品の調査に協力してほしいと頼む実験があります。そこでは4つの条件が設定されましたが，話をわかりやすくするために2つの典型的な条件を比較してみましょう。第1の条件では，1回目の電話では台所用品の調査への協力を頼み，同意した人に，その電話で台所用品についての簡単なアンケートに答えてもらいます。そして，3日後に2回目の電話をして，今度5～6人の調査員がお邪魔して台所用品をチェックさせてください，2時間くらいですみますといって，大がかりな調査への依頼をします。第2の条件では，1回目の電話でいきなりその大がかりな調査への協力を依頼します。大がかりな調査を受け入れた人の比率は，第2条件の22％に対して，第1条件では53％と，2.5倍近くになりました（図10-2）。

　ちょっと受け入れがたいなあ，面倒だなあと思ったら，断るのがふつうです。でも，それを邪魔するのが，前にこの人の要請を受け入れているという事実です。前は気持ちよく受け入れたのに，今度は断るというのは，どうもしっくりきません。

10.2.2 ドア・イン・ザ・フェイス技法

ドア・イン・ザ・フェイス技法とは，はじめに過大な要求をもちかけ，相手が抵抗を示したとき，間髪を入れずに，それよりも受け入れやすい本来の要求をもち出す手法のことです。

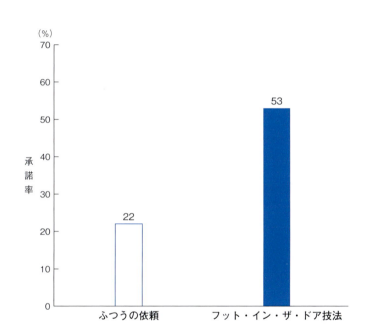

図 10-2　フット・イン・ザ・ドア技法の効果
（フリードマンとフレーザー，1966 より作成）

相手が譲歩してくれると，こちらも譲歩しなければといったお返しの心理が働きます。また，過大な要求を突きつけられた後に，それより受け入れやすい要求を提示されると，対比効果が働いて，実際以上に小さな要求に感じられます。このようなお返しの心理と対比効果を利用した説得的コミュニケーションが，ドア・イン・ザ・フェイス技法です。

通行人に献血への協力を依頼するチャルディーニたち（1975）の実験では，いきなり「献血にご協力いただけませんか」と頼んだ場合の承諾率が32％だったのに対して，「今後数年間，2カ月ごとに献血していただく契約を結んでいただけませんか」と無理な要求をぶつけて，断られた後に，「では，今回1度きりでけっこうですから，献血にご協力いただけませんか」と頼むと，承諾率は49％に跳ね上がりました（図10-3）。このようなドア・イン・ザ・フェイス技法の説得効果は，多くの実験によって実証されています。

10.2.3　ローボール技法

ローボール技法とは，はじめに好条件を提示し，その気になったところで条件を吊り上げる手法のことです。

私たちは，いったんその気になってしまうと，気持ちに勢いがついているため，多少条件が吊り上げられても受け入れてしまいます。いったん承諾する態度表明をしてしまうと，その後に条件を吊り上げられても，断りにくくなってしまうのです。

チャルディーニたち（1978）は，それを証明する実験を行っています。大学の授業中の教室で，「単位として認めるので，心理学の実験に協力してほしいのですが」と呼びかけると，多くの学生が協力を申し出てきました。そこで，「じつは，実験は今週の水曜日か金曜日の朝7時からになります」と説明します。朝7時からなんて早すぎるとだれもが感じます。また，今週というのも急なことです。最終的に協力を申し出た学生は56％になりました。一方，はじめから今週の水曜日か金曜日の朝7時からという詳しい条件まで説明して呼びかけた場合は，協力を申し出た学生は31％でした（図10-4）。最終的にはどちらも同じ条件なのに，最初に好条件だけ提示した場合，最初から悪条件も提

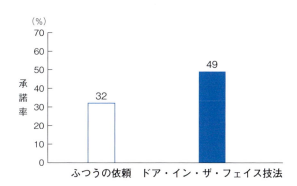

図 10-3　ドア・イン・ザ・フェイス技法の効果
（チャルディーニたち，1975 より作成）

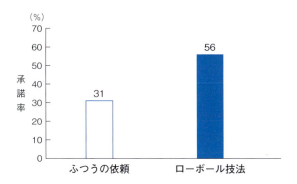

図 10-4　ローボール技法の効果
（チャルディーニたち，1978 より作成）

示した場合と比べて，2倍近い承諾率になったのです。

10.2.4　ザッツ・ノット・オール技法

ザッツ・ノット・オール技法とは，好条件を後から追加するという手法のことです。後から追加するほうがお得感があるといった心理効果を狙ったものといえます。

心理学者バーガー（1986）は，ケーキの販売場面を使った実験をしています。ケーキには値段をつけずに，客から聞かれたら答えるようにします。その際，2つの条件を設定しました。第1条件では，値段を聞かれたら，まず最初に「75セントです」と答え，しばらくしてから「クッキー2枚のおまけつきの値段です」とつけ加えます。第2条件では，値段を聞かれたら，最初から「クッキー2枚とセットで75セントです」と答えます。ケーキを購入した客の比率をみると，第2条件では40％だったのに対して，第1条件では73％と2倍近くになりました（図10-5）。パターンを変えた実験も行われています。クッキーをおまけにつける代わりに，値引きをするというものです。第1条件では，値段を聞かれたら，まず最初に「1ドルです」と答え，しばらくしてから「すぐに店を閉めたいので75セントに値引きします」とつけ加えます。第2条件では，値段を聞かれたら，最初から「75セントです」と答えます。ケーキを購入した客の比率は，最初から75セントと答えた第2条件では44％だったのに対して，後で75セントに値引きしますと伝えた第1条件では73％と，7割ほど上回りました（図10-5）。

10.2.5　一面的説得法・両面的説得法

都合のよい情報ばかりを示して説得しようとするのが一面的説得法，都合の悪い情報や反対の立場の情報も交えて説得しようとするのが両面的説得法です。

一般に，受け手の教育程度が低い場合は単純明快な一面的説得法が効果的ですが，受け手の教育程度が高い場合は一面的説得法だと押しつけがましい感じになるため，両面的説得法のほうが効果的であるとされています。また，受け手が元々説得したい方向と同じ態度をもっている場合は一面的説得法が効果的

10.2 説得的コミュニケーションの技法

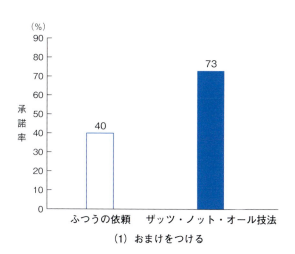

（1）おまけをつける

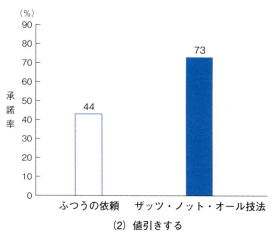

（2）値引きする

図 10-5　ザッツ・ノット・オール技法の効果
（バーガー，1986 より作成）

なのに対して,受け手の態度が説得したい方向と反対の場合には両面的説得法のほうが効果的とみられています。

　ホブランドたち(1949)が第2次世界大戦中に行った実験では,約6,000人のアメリカの兵士を対象に,ドイツが降伏した後,日本との戦争がどのくらい続くかについて,説得的コミュニケーション(かなり長引くと説得しようとするもの)の前後に尋ね,意見が説得的コミュニケーションの方向に変化するかどうかを検証しています。その際,一面的説得群では,長引く根拠となる条件ばかりを並べて,だから長引くはずだと主張しました。一方,両面的説得群では,こういう条件なら早く終わることもあり得るが,諸々の条件を考慮すると,やはり長引くだろうと主張しました。その結果,はじめから長引くと考えていた兵士には一面的説得法のほうが効果的なのに対して,早く終わると考えていた兵士には両面的説得法のほうが効果があることがわかりました(図 10-6)。

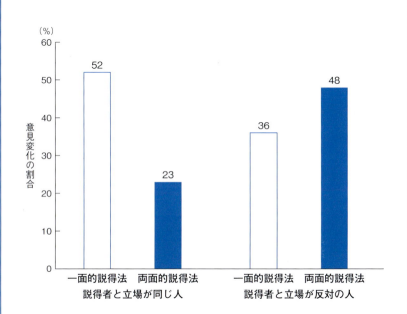

図 10-6　一面提示と両面提示の効果（ホブランドたち，1949；榊，1989より一部修正）

リーダーシップ

11.1 リーダーシップのタイプと機能

　レヴィンたち（1939）は，**専制型**，**民主型**，**放任型**という3つのリーダーのタイプを設定してその影響を比較検討する実験を行いました。その結果，専制型と民主型のリーダーのもとで作業成績が良いこと，民主型リーダーのもとでは集団の雰囲気も良好でメンバーの満足度も高いが専制型リーダーのもとでは作業量は多くても集団の雰囲気が悪く満足度も低いこと，放任型リーダーのもとでは作業量も作業の質も悪く集団としてのまとまりも悪いことなどが明らかになりました。つまり，民主型リーダーが最も効果的ということになったわけですが，この古典的研究をきっかけにリーダーシップのスタイルの違いによる集団への影響を検討する研究が盛んになりました。

　そうした流れの中で浮上してきたのが，リーダーシップのもつ2つの機能です。それは，課題遂行（目標達成）を志向する機能と集団のメンバー同士の人間関係を志向する機能です。その後の多くの研究は，この2つの機能によってリーダーシップをとらえようとするようになりました。専制型は課題遂行のみに重点を置くリーダーシップスタイル，民主型はとくに人間関係やメンバーの満足度に配慮するリーダーシップスタイルといえます。その中でも代表的なのが，つぎの項目で取り上げる PM 理論です。

　リーダーにふさわしい性格特性を抽出しようという試みもあります。ジャッジたち（2002）は，性格5因子説（ビッグ・ファイブ）の5つの性格特性とリーダーシップの関係について，学生，ビジネス界，官庁・軍隊など73の集団を対象として検討しています。その結果，外向性がどの集団でも高くなっていましたが，学生では誠実性の高さが他の集団と比べて際立ち，ビジネス界では誠実性や温和性（協調性）の低さが際立っていました（**図 11-1**）。

11.2 PM 理論

　三隅が提唱したリーダーシップ理論が **PM 理論**です（三隅，1966）。PM 理論の P はパフォーマンスの頭文字からとったもので，集団における目標達成

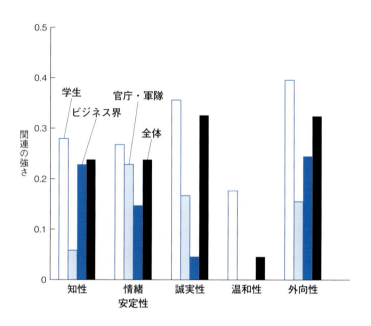

図 11-1　ビッグ・ファイブとリーダーシップの相関
（ジャッジたち，2002；本間，2011）

や課題解決を促すことを指し，**目標達成機能**（P機能）といいます。Mはメンテナンスの頭文字からとったもので，集団の維持やまとまりを促す機能を指し，**集団維持機能**（M機能）といいます。

　リーダーに求められるP機能やM機能として，具体的にどのような行動があるかを表に示しました（**表11-1**）。それぞれの機能を万遍なく発揮しているリーダーは多くはないでしょう。リーダーの性格もさまざまであり，P機能は強いがM機能がやや弱いとか，その逆のタイプとか，それぞれに個性があると思います。フィードラーなども，課題志向のリーダーシップと人間関係志向のリーダーシップは同一人物の中に両立しにくいとしています。リーダーとしては，P機能・M機能ともに強いのが理想ですが，現実的にはリーダーの苦手な機能をサブリーダーが補うなど，P機能とM機能を分担するような工夫も必要でしょう。

　この2つの機能の強弱により，P機能もM機能も強く発揮するリーダーシップをPM型，P機能のみ強く発揮するリーダーシップをPm型，M機能のみ強く発揮するリーダーシップをpM型，どちらの機能も弱いリーダーシップをpm型として，リーダーシップのスタイルを4つに類型化することができます（**図11-2**）。三隅たち（1979，1988）は，さまざまな企業の中間管理職を対象に，リーダーシップスタイルと職場の活性度など生産性との関係についての調査を行っています。その結果，PM型リーダーがもっとも有効であることが実証されています。

11.3　集団成熟度とリーダーシップ

　ハーシーとブランチャード（1977）は，部下の習熟レベルによって効果的なリーダーシップスタイルは違ってくるとし，リーダーシップのライフサイクル理論を提唱しました。その理論では，集団の成熟度を4つの段階に分け，それぞれにふさわしいリーダーシップスタイルを提示しています。

　部下の習熟度が低い，つまり集団の成熟度が低い第1段階では，指示的な行動を中心とした教示的リーダーシップスタイルが有効だといいます。第2段階

表 11-1　目標達成機能（P 機能）と集団維持機能（M 機能）を担う行動
（榎本，2014）

【P 機能】
1. 目標を明確化し，部下に目標をたえず意識させる。
2. 目標達成のための計画を立てる。
3. 部署としての方針を決め，それを徹底させる。
4. 目標達成のための方法を具体化し，それを部下にしっかり理解させる。
5. 部下に役割を割り振り，それぞれの役割分担を明確にする。
6. 部下に行動の開始や役割の遂行を促す。
7. それぞれの部下の仕事の進捗状況を把握している。
8. 目標達成の過程で生じた問題点を明確化し，その対処法についてアドバイスを与える。
9. 情報源・アドバイザーとしての役割を果たすべく，専門的知識や技能の習得に励む。
10. それぞれの部下の成果を正確に把握し，正当に評価する。

【M 機能】
1. 快適かつ友好的な雰囲気の醸成・維持に配慮する。
2. 部下相互の交流を促進する。
3. 部下相互の情報交換を促進する。
4. 少数派にも発言の機会を与えるよう配慮する。
5. 内部でいざこざが生じたときは仲裁する。
6. 集団の和を乱す部下に対しては適切な対処をする。
7. 部下ひとりひとりの意見を尊重し，自主性・当事者意識をもたせる。
8. 部下ひとりひとりの気持ちに配慮し，不平・不満に耳を傾ける。
9. 悩みや迷いを抱える部下の相談に乗る。
10. 部署の代表として，必要なときは他の部署の人たちとの交渉を行う。

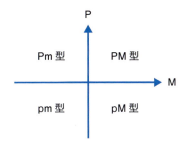

図 11-2　PM 理論の 4 つのリーダーシップスタイル

では，指示的な行動が中心とはなるけれども，部下の気持ち面の配慮もする説得的リーダーシップスタイルが有効だとします。さらに集団が成熟した第3段階では，部下の仕事力は高まっているため，指示的な行動を減らし，部下のモチベーションを高めることを重視する参加的リーダーシップスタイルが有効としています。集団の成熟度が最高度に達した第4段階では，集団が十分に機能するように成熟しているため，部下の自主性や自律性を尊重し自由裁量の部分の多い委譲的リーダーシップスタイルが有効だといいます（図11-3）。

このようなリーダーシップのライフサイクル論は，部下たちの能力状態に合わせて自分自身のリーダーシップスタイルを柔軟に切り替えていくことのできるリーダーが集団を成功に導くという視点に立っています。集団の成熟度が低いときは，明確な方向づけや指示を中心とした，いわゆる強いP機能を発揮することが求められます。目標達成に向けて，自分なりのビジョンを強烈に押し出し，多少強引であってもグイグイ引っ張っていくリーダーシップが有効となります。そうでないと集団としての推進力が生まれません。その段階でメンバーの自主性を尊重し，指示を出すのを遠慮していたら，個々のメンバーの役割が徹底せず，集団としてうまく機能せず，成功は期待できません。事業がある程度軌道に乗ってきたら，P機能を少し緩めて，適度に権限を委譲し，個々のメンバーに責任をもたせ，自覚と自主性を促すことで，モチベーションを高めることが必要になります。仕事に慣れてくれば，個々のメンバーも自分なりの視点をもって動きたくなります。いつまでも上からの指示でロボットのように動かされるばかりでは，モチベーションが低下してしまい，能力が結集されません。

11.4 変革型リーダーシップ

産業構造が安定していた時代であれば，組織としてめざすべき方向ははっきりしており，部署としてすべきことも明確なため，日常業務を滞りなく，能率的にこなしていくように促す業務処理型のリーダーシップが求められました。しかし，止まるところを知らないIT革命により，産業構造がめまぐるしく変

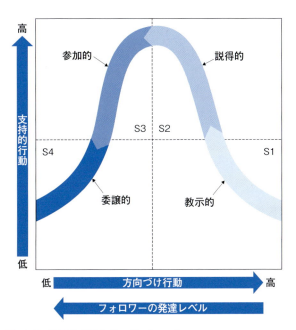

図 11-3　集団の成熟とリーダーシップ
（ハーシーとブランチャード，1982；本間，2011 を修正）

動し，組織としてめざすべき方向も刻々と変化していく可能性のある時代には，業務処理型のリーダーシップでは不十分です。なぜなら，部下に与えた課題の遂行を促すだけでなく，どんな課題を与えるべきかを絶えず見直していく必要があるからです。そこで求められるのが変革型リーダーシップです。

ゴールに向けて部下を駆り立てるのが従来のリーダーシップだとすると，**変革型リーダーシップ**は，どこにゴールを設定すべきかを絶えず検討し，最適のゴールに向かえるように柔軟にゴールを修正していきます。そのためには，**表11-2**のような視点が必要となります。そうした視点に立ってリーダーシップを発揮するのが変革型リーダーシップということができます。

リーダーだけでなく部下一人ひとりにも変革的な視点をもってもらわないかぎり，これからの組織の発展はありません。組織内の人間関係にとらわれ，社内遊泳術だけで生きているような人材は，組織を維持することに価値があった時代には有用性もありましたが，絶えず変革が求められる時代には害にしかなりません。そこで，変革型リーダーは，部下に対しても，変化の必要性をアピールし，組織の外に目を向けるように促します。組織の維持だけを考えていたら，組織そのものの存在が危うくなることを実感してもらうように促します。そのために自分なりのビジョンを示し，部下を刺激していく必要があります。バス（1998）は，変革型リーダーシップの構成要素として，カリスマ性，意欲を刺激すること，知的刺激を与えること，個別に配慮することの4つをあげています（**表11-3**）。この中のカリスマ性があれば，変革型リーダーシップは有効に機能する可能性が高まります。そのためには，だれもが納得いくような説得力のあるビジョンを提示することが必要です。

11.5 公平性

リーダーシップの重要な機能として，部下のやる気を引き出し，集団としての生産性を高めるということがあるため，モチベーションに影響する公平感・不公平感への配慮は不可欠となります。公平な評価が行われる職場だ，部下を公平に扱う上司だ，自分は公平に扱われていると感じられればモチベーション

表 11-2　変革型リーダーシップに求められる視点

1. 組織の中だけでなく，組織を取り巻く環境にも目を向ける。
2. 技術革新がもたらす人々のライフスタイルや欲求の変化に目を向ける。
3. 組織の発展のためにめざすべき方向性についてのビジョンをもつ。
4. 慣習にとらわれずに，組織の発展のために必要な組織変革に目を向ける。
5. 組織内の人間関係も大切だが，大きな視野に立って決断する。

表 11-3　変革型リーダーシップの構成要素

1. カリスマ性
部下が敬愛し憧れるような，人を引きつける力をもつ。
2. 意欲を刺激すること
部下のやる気を引き出すことができる。
3. 知的刺激を与えること
部下の能力開発を促すことができる。
4. 個別に配慮すること
部下それぞれの目標や気持ちを配慮しつつ，適切なサポートができる。

も上がりますが，不公平感があると当然モチベーションは下がります。

アダムス（1965）の**公平理論**では，インプットを分母に，アウトプットを分子に置き，インプットとアウトプットの比率を問題にします。インプットは払った労力，アウトプットはその結果として得られた金銭や評価といった報酬を指します。その比率を自分と似たような立場の人物と比較し，それが等しいと公平感をもち，等しくないと不公平感をもつというのです。たとえば，自分と同じ程度の労力しか払っていない同僚が，自分より高く評価された場合などは，当然不公平感をもちます（図 11-4）。それはインプットが同じなのにアウトプットが向こうのほうが大きいからです。アダムスの公平理論は，インプットとアウトプットの比率を問題にする認知理論と一般にはみなされていますが，その認知が満足感や不公平感といった感情を生み，それがモチベーションに影響することになるので，気分や感情を扱うモチベーション理論とみなすこともできるでしょう。

11.6　期待することの効果

期待することの効果は，ピグマリオン効果という用語で知られていますが，関係性という点でも上司が部下に期待することの効果は大きいと考えられます。**ピグマリオン効果**とは，期待する方向に相手が変わっていくことを指します。元々は，ローゼンタールとヤコブソン（1968）が小学校を舞台に行った実験で，知能テストを実施した後に，「この生徒たちは知能が高いからこれからぐんぐん伸びるはず」と伝えられ，それを信じ込まされた教師たちの期待の視線を感じ，その生徒たちの成績が実際に他の生徒たちよりも伸びたことに対して，ピグマリオン効果と名づけたことに発します。じつは知能テストに関係なく，ランダムサンプリングで選ばれた生徒たちであったにもかかわらず，知能が高いと信じ込まされた教師たちの期待ゆえに，ほんとうに伸びてしまったのです。

リビングストン（1969）は，ピグマリオン・マネジメントを唱えています（コラム 11-1）。そして，マネジャーの期待が部下や部署のパフォーマンスに与える影響に関する事例により，つぎのような事実が明らかになってきたとし

$$\frac{\text{自分の O}}{\text{自分の I}} = \frac{\text{他人の O}}{\text{他人の I}} \longrightarrow \text{公平感}$$

$$\frac{\text{自分の O}}{\text{自分の I}} < \frac{\text{他人の O}}{\text{他人の I}} \longrightarrow \text{不公平感} \qquad \text{O=アウトプット（報酬）} \\ \text{I=インプット（労力）}$$

図11-4　アダムスの公平理論

コラム11-1　ピグマリオン・マネジメントの効果

　メトロポリタン生命のロッカウェイ支社長アルフレッド・オーバーランダーによって実施された実験では，営業職員の成績を調べて，最も優秀な営業職員を集めて，最も優秀なアシスタント・マネジャーのもとに配属した。彼らは，スーパー・スタッフと呼ばれた。平均的な営業職員は，平均的なアシスタント・マネジャーのもとに配属した。成績の悪い営業職員は，実力の劣るアシスタント・マネジャーのもとに配属した。

　すると，スーパー・スタッフは予想以上の営業成績をあげた。だが，意外なことに，平均的なグループが期待以上の業績を上げたのであった。その平均的グループのアシスタント・マネジャーは，自分たちがスーパー・スタッフに劣ると思いたくなかったのか，営業職員たちとの打合せの際に，「このグループのメンバーはみんなスーパー・スタッフのメンバーよりも優れた潜在能力を持っているんだ。ただ保険営業の経験が不足しているだけなのだ」と力説し，「スーパー・スタッフを打ち負かすことに挑戦してほしい」とハッパをかけた。

　その結果，平均的なグループの労働生産性の増加率はスーパー・スタッフのそれを上回ったのだった。

ます。

1. マネジャーが部下に何を期待し，またどのように扱うかによって，部下の業績と将来の昇進がほとんど決まってしまう。
2. 優れたマネジャーの特徴とは，「高い業績を達成できる」という期待感を部下に抱かせる能力をもっていることである。
3. 無能なマネジャーは，このような期待感を植えつけることができず，その結果，部下の生産性も向上しない。
4. 部下は部下で，自分に期待されていると感じていることしかやらない傾向が強い。

11.7 社会的勢力

　人が人に及ぼす影響力，いわゆる社会的勢力に関して，フレンチとレイブン（1959）およびレイブン（1965）は，報酬勢力，強制勢力，正当勢力，準拠勢力，専門勢力，情報勢力の6つを指摘しています（表11-4）。

　報酬勢力も強制勢力も，有無を言わさぬ影響力として部下に迫るもので，部下は納得のいかない場合でも仕方なく従うが，心から納得したわけではないため，心理的反発が予想されます。アドバイスもできない上司に仕方なく従うのも，これらの勢力によるものといえます。正当勢力も，報酬勢力や強制勢力と同様，「仕方なく」といったニュアンスが漂うものといえます。準拠勢力は，「この人のようになりたい」といった同一視を基礎としており，好意的感情と心理的一体感があるため，報酬勢力や強制勢力，正当勢力のような「無理やり」とか「仕方なく」といった感じではなく，部下など影響力の受け手の側から喜んで指示や注意を受け入れます。専門勢力も，報酬勢力や強制勢力，正当勢力のような「無理やり」とか「仕方なく」といった感じはなく，受け手は何の抵抗もなく指示や注意を受け入れます。必要な情報にアクセスする能力は，ITの時代になってますます重要となってきており，情報勢力をもつ人物の影響力は，上司から部下という方向のみならず，部下から上司という方向でも重要度が高まりつつあります。

バリューとホールは，AT＆Tの現業部門で働く幹部候補生として採用されたマネジャー・クラスの社員49人の昇進のスピードについて5年間の追跡調査を行っている。その結果，初年度に会社から期待されたことと5年後の昇進との相関は0.72となり，両者の間に非常に強い関係があることがわかった。すなわち，その後の昇進スピードを左右する最も重要な要因は，当初の会社側による各人への期待度の大きさだったのである。
　そこでバリューとホールは，つぎのように結論づけている。
「最初の1年間に何か重大なことが起こっている。(中略) この重大な1年目に，会社の高い期待に応えようとすることは，積極的な執務態度や高い目標水準を内面化することにつながる」
「増大する一方の期待に応えていくにつれて，会社への貢献度も高まっていく。カギは（中略）1年目が重要な学習期だという考え方であり，この時期を逃したら，新人社員を期待する方向に教育したり，あるいは変身させたりすることができない」

（リビングストン（1969）をもとに榎本が要約）

表11-4　社会的勢力の6つの基盤

1. 報酬勢力
昇給やボーナスの高い査定，昇進や表彰，配置転換で希望を叶えるなど，金銭報酬，地位報酬，やりがいといった報酬を与える力をもつことに基づく影響力。
2. 強制勢力
昇給見送りや減給，賞与の低い査定，昇進見送りや降格，処分，左遷など，金銭，地位・名誉，やりがいなどの面において，罰を与える力をもつことに基づく影響力。
3. 正当勢力
地位関係や役割関係により，影響力の与え手が自分に影響力を及ぼすのは当然のことだと受け手が認識していることに基づく影響力。
4. 準拠勢力
影響力の受け手，たとえば部下の側が影響力の与え手に対して抱く好意的感情と心理的一体感に基づく影響力。
5. 専門勢力
影響力の与え手がある領域において経験が豊かで専門的な知識やスキルが自分より上であると受け手が認めることに基づく影響力。
6. 情報勢力
影響の与え手が有用な情報をもっていたり情報源に詳しかったりすることに基づく影響力。

上司が部下に対して報酬勢力や強制勢力，あるいは正当勢力をもつのは当然のことですが，それだけだと仕方なく従っているといった感じになり，形だけは指示通りに動いても，目の届かないところでは適当に手を抜くとか，最低限の義務は果たすけれども気合いが入らないというようなことになりがちです。

集団心理と
同調行動

12.1 社会的促進・社会的手抜き

12.1.1 社会的促進と社会的制止

社会的促進とは，他者の存在が個人の成績を向上させることを指します。トリプレット（1898）は，傍で同じ作業をしている他者がいるほうが，1人で作業をするよりも，作業が促進されることを発見しました。この場合の社会的促進は，共行為者効果によるものですが，同じ作業をしなくても，ただ他者が見ているだけでも社会的促進が生じることがわかっています。それを観衆効果といいます。一方，他者の存在が個人の成績を低下させるといった報告もあり，それを**社会的制止**といいます。

ハーロウ（1932）は，離乳したばかりのラットを用いた実験で，1日おきに単独で食べさせたり，仲間と一緒に食べさせたりしました。その結果，単独でいるときより仲間と一緒にいるときのほうが一貫してよく食べていました（図12-1）。チェン（1937）は，アリの巣作りの観察実験により，単独で巣作りをするときより仲間とペアになって巣作りをするときのほうが，掘り出された土の量が明らかに多いことを確認しています（図12-2）。

ザイアンス（1965）は，他者の存在が作業を促進したり抑制したりする現象を説明するため，「他者の存在が生理的覚醒水準あるいは動因を高める」という説を提起しました。生理的覚醒水準が高まると，優勢反応が出やすくなります。習熟した作業や単純な作業の場合は，優勢反応が正しい反応であるため，他者の存在が成績の向上をもたらしますが，まだ習熟していない作業や複雑な作業の場合は，優勢反応が誤反応であるため，他者の存在が成績の低下をもたらすというのです。ハントとヒラリー（1973）は，迷路学習課題を用いて，ザイアンスの仮説を検討しました。そして，単純な迷路の場合は他者がいるときのほうが成績が良いのに対して，複雑な迷路の場合は他者がいないときのほうが成績が良いというように，ザイアンスの仮説に沿った結果が得られました（表12-1）。

コットレル（1972）は，評価する立場にある他者や重要な他者がいるときのほうが社会的促進が生じやすいことを見出し，他者による評価を気にする評価

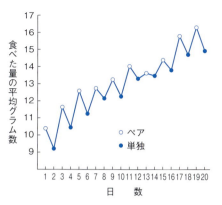

図 12-1 単独のときと仲間と一緒のときの食事量
(ハーロウ,1932;ザイアンス,1965)

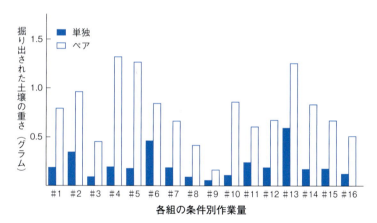

図 12-2 単独のときと仲間と一緒のときの作業量
(チェン,1937;ザイアンス,1965)

表 12-1 迷路学習での間違いの平均回数 (ハントとヒラリー,1973;岡,2001)

	1人	他者と一緒
単純迷路	44.67	36.19
複雑迷路	184.91	220.33

懸念が社会的促進を生じさせるとしました。ただし，ハーロウ（1932）やチェン（1937）の実験結果をみると，社会的促進を生じさせる要因は評価懸念ばかりとはいえないでしょう。

12.1.2　社会的手抜き

　大勢の中に埋没すると，つい手を抜くということになりがちです。リンゲルマンは，綱引きをする際に，集団で行うときの引く力は，個人の引く力の合計より少なくなることを発見しました。ラタネも，思い切り大声を出させる課題や精一杯拍手をさせる課題を用いて検討し，一緒にやる人数が増えるほど1人あたりの努力量が減ることを確認しました。

　このような**社会的手抜き**が起こる理由として，責任の分散が考えられます（**図 12-3**）。みんなで一緒に行うということによって，一人ひとりの責任が軽減され，それが手抜きにつながるというわけです。

　社会的手抜きの防止法として，**表 12-2** のようなものがあります。個人の貢献度がわかるようにするというのは，集団に埋没するのを防ぐためのもっとも効果的な方法といえます。もともとモチベーションの低い人物は，個々の貢献度がわからないとなると，適当にさぼりやすくなります。他方で，モチベーションの高いタイプも，個々の貢献度がわからないとなると，必死に頑張っても適当にやっている連中と一緒にされると思えば，意識せずとも努力量は減ってしまうでしょう。ゆえに，個人の貢献度がわかるようにするというのは，モチベーションの低いメンバーにも高いメンバーにも非常に効果的な手法といえます。課題に対する自我関与度を高めるというのは，メンバーがチャレンジしたくなるような目標を与えるなどの工夫をすることです。他者に対する信頼感をもたせるというのは，集団のメンバー同士の交流を促し，相互の関係をよくしておくことを指します。チームのみんなで力を合わせると困難も乗り越えられるというのは，課題に対する自我関与と他者に対する信頼が高い場合に起こることです。また，集団全体のパフォーマンスの変動についての情報が与えられることで，個々のメンバーは自分のパフォーマンスを意識させられ，手抜きをしにくくなると考えられます。

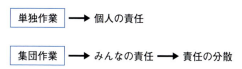

図 12-3　社会的手抜きの原因は責任の分散

表 12-2　社会的手抜きの防止法（釘原，2011 より作成）

1. 個人の貢献度がわかるようにする。
2. 課題に対する自我関与度を高める。
3. 他者に対する信頼感をもたせる。
4. 集団全体のパフォーマンスの変動についての情報が成員個々に与えられる。

12.2 集団凝集性

　集団のまとまり，結束力のことを**集団凝集性**といいます。フォーサイス（2006）は，集団凝集性に関するさまざまな定義を検討したうえで，魅力，一体性，チームワークの3つの特質を統合したところに集団凝集性を位置づけました（図12-4）。魅力というのは，集団のもつ魅力のことですが，メンバー同士がお互いに感じる魅力と集団に留まろうという思いによって決まってきます。一体性というのは，メンバーが感じる一体感のことですが，相互作用や価値観の共有によって生じる集団としてのまとまりや居場所感によって生じるものです。チームワークというのは，目標に向かってまとまって協働していくことですが，目標に向かっていく意欲や自分たちはやればできるという集団としての効力感によって支えられるものです。

　集団凝集性が高いことは一般に良いことと考えられています。実際，まとまりが良いことによって集団としても安定するし，メンバーも友好的な雰囲気に浸ることで安心や満足が得られ，居場所感が得られるなど，多くのメリットがあります。ただし，集団凝集性が高いことによる弊害も指摘されています。たとえば，内部でかたまってしまい，新たなメンバーを受け入れにくいなど，集団が閉鎖的になりがちな面もあります。また，まとまりが良いことで同調圧力が高まり，集団の決定に反対しにくい雰囲気になり，集団の規範から逸脱した行動に対して攻撃的な反応が出やすくなることもあります。

　集団凝集性が高いほど生産性も高いと考えられていますが，それは集団の規範と関係しています。集団が生産性の高さを志向している場合は凝集性の高さは生産性の高さと関係しますが，集団がとくに生産性の高さを志向していない場合は集団凝集性と生産性は無関係となります。ただの仲良し集団もあることを考えれば，納得のいくことです。ミューレンとクッパー（1994）は，集団凝集性と生産性の関係に関するこれまでの研究のメタ分析により，両者の間に0.23という相関が認められ，とくにスポーツ集団ではこれが高くなることを確認しています。さらに，集団凝集性から生産性への影響よりも生産性から集団凝集性への影響のほうがはるかに強いことも見出されました。ここからいえる

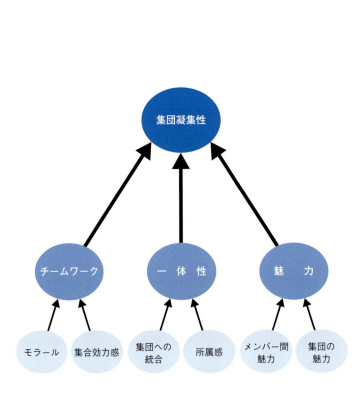

図 12-4　**集団凝集性のモデル**（フォーサイス，2006；本間，2011）

のは，集団凝集性の高さが生産性を高めることも否定できませんが，生産性の高さが集団凝集性をより強固なものにするといった側面が非常に強いということです。スポーツでいえば，勝利するなど良い成績をあげることによって集団凝集性が高まるということになります。

12.3 同調行動

12.3.1 同調圧力

どんな集団でも，所属するメンバーの意見を1つの方向に向かわせようとする圧力が働くものです。アッシュ（1955）は線分の長さを問う実験によって，そうした同調圧力が存在することを証明しました。図12-5のような2つの図版を見せて，左の図の線分と同じ長さの線分を右の図の3本の中から選ばせるという実験をさまざまな図版を用いて行いました。8人が順番に答えるのですが，ほんとうに実験を受けているのは7番目の人物のみで，あとの7人はサクラで，18回のうち6回は正答をし，12回はサクラのすべてが一致した誤答をするように仕組まれていました。その結果，7番目に答えるほんとうに実験を受けている人物は，7人のサクラの圧力を受けて，32%が誤答に同調したのです。サクラの圧力がかからない場合は誤答率が1%にもならない簡単な課題であったため，同調圧力に屈してしまったことは明らかです。

集団凝集性の弊害としても指摘したように，多数派の意向に従わない人物は，集団の規範に違反する逸脱者とみなされ，集団の規範に従うように圧力が働きます。何とか説得して集団の規範に従うように促す行動がとられます。シャクター（1951）は，このような働きかけを実証する実験を行っています。図12-6のA群は集団の見解に反対する逸脱行動群，B群は最初反対していたが話し合っているうちに賛成に回った変節群，C群は最初から集団の意見に賛成だった同調群です。多数派からのコミュニケーション量をみると，C群に対するコミュニケーション量は当初から少なく，B群に対するコミュニケーション量は反対していたときは多かったものの賛成に回ってからは一気に減少し，強硬に反対するA群に対するコミュニケーション量はどんどん増加し続けるこ

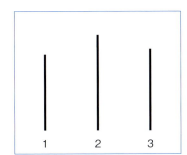

図 12-5　アッシュの同調圧力実験の図版例
左の図の線分と同じ長さのものは右の図の「1」「2」「3」のうちどれか？

とがわかります（図 12-6）。こうしたコミュニケーション量の増加は，まさに集団による同調圧力がかけられている証拠といえます。

　企業など組織が重要な方針を決定する際には，みんなで知恵を絞って，あらゆる角度から検討する必要があります。ところが，多くの組織の会議では，全会一致を理想とするようなところがあります。そこには同調圧力が強く働くため，十分な検討が行われないままに愚策が通ったり，失敗が目に見えているアイデアが承認されたりといったことが起こります。組織の不祥事の背景にあるのも，こうした全会一致を理想とする会議の雰囲気です。

12.3.2　同調圧力に屈しない人

　同調圧力についてさまざまな実験的研究を行っている心理学者アッシュ（1955）は，1人でも同調圧力に屈しない人物がいれば，ほんとうの意見を出しやすくなることを実証しています。先の実験と同様のやり方を用いて，7人のサクラのうち6人が誤答をしても，残りの1人が正答をした場合，集団圧力に屈して誤答をする率は32%から5.5%へと大きく低下することを見出しています。これにより，味方が1人でもいれば，集団圧力に対する抵抗力が非常に高まることがわかります。

　そうはいっても，日本の組織では，同調圧力に屈せずに率直に疑問を口にしたり反論したりする人物が出てくることは期待しにくいというのが実情です。そこで，提案に対して反対意見を述べる役割をあらかじめ特定の人物にあてがっておくことで同調圧力による誤判断を防ぐという方法が考えられます。これがワイズバンド（1992）が提唱する**デビル審理法**です。それによって，提案に対して賛成意見しか出せないような空気は崩され，提案内容を多角的に検討することができるとともに，他の参加者も疑問点があれば率直に質問や意見を出しやすくなります。

　このように，多数派に同調せずにほんとうに思うことを言う人物が1人でもいると同調圧力に屈せずにほんとうの意見を言えるということは，本心では多数派の意見に納得していたわけではないことを意味します。このように，本心では同意していないが表面上多数派に合わせることを**公的受容**といいます。本

12.3 同調行動

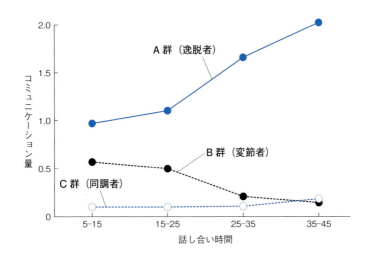

図12-6　逸脱者，変節者，同調者へのコミュニケーション量
（シャクター，1951；本間，2011を修正）

心から同意する場合は**私的受容**といいます。ドイッチュとジェラード（1955）は，他者の影響を受けるとき，情報的影響を受ける場合と規範的影響を受ける場合があるとしました。他者の意見に納得し，それを自分の意見として取り入れるとき，そこに作用しているのが情報的影響です。多数派の意見，集団としての意見に反しないように，不本意ながらもそれに合わせるとき，そこに作用しているのが規範的影響です。ほんとうの意見を言う人物が1人でもいれば同調圧力に屈しない人が多いというアッシュの実験の結果は，多くの同調行動が規範的影響によって生じていたことを示唆しています。

12.4 集団の意思決定

12.4.1 集団浅慮

　集団で判断しようとすると，思慮深さが失われ，安易な判断をしてしまうことがあります。ジャニス（1982）は，重大な政策決定の失敗事例を検討することで，集団による決定が誤ってしまうプロセスを分析し，とくに凝集性の高い集団で同調圧力が強くなり，ほんとうの議論ができなくなって，誤った判断をしてしまうことを発見しました。そして，そのように集団による決定が愚策につながりやすいことを**集団浅慮**と呼びました。ジャニスは，集団浅慮がもたらす8つの病理的徴候をあげています（表12-3）。

　このような集団浅慮が生じやすいのは，集団凝集性が高すぎ，かつ強力なリーダーシップが発揮されて，異論を許さない雰囲気が醸成されている場合でしょう。ゆえに，集団浅慮の問題は，リーダーシップの問題としても十分考慮すべきことといえます。

12.4.2 リスキーシフト

　集団で話し合えば，みんなの知恵を結集して判断できるため，個人で検討するよりも妥当な結論に到達できるものと思われがちですが，じつは意外な危うさがあります。各自が1人で考えると当然否決すべき提案と思われるようなものでも，みんなで話し合っているうちになぜか通ってしまうことがあります。

表 12-3　集団浅慮の 8 つの病理的徴候（釘原，2011 を参考に作成）

1. 集団メンバー間の同調圧力
同調圧力が強まり，疑問を感じても異議を唱えることがしにくくなる。
2. 自己検閲
同調圧力を感じるメンバーが，自ら自分の意見を検閲し，集団の意見に反するものは封じ込める。
3. 逸脱意見から集団を防衛する人物の発生
集団の意見や決定に異議を唱える人物に対して，脅すなどの圧力をかける人物が出てくる。
4. 表面上の意見の一致
実際は多くのメンバーが疑問をもっているにもかかわらず，表面上は全員が賛成しているかのように見える。
5. 無謬性の幻想
自分たちは絶対に判断を間違えることはないといった幻想を抱く。
6. 道徳性の幻想
自分たちの正義の実現のためには敵に対して非倫理的なことをしても許されるといった道徳性の幻想を抱く。
7. 外集団に対する歪んだ認識
対立する集団に対して，実際以上に悪くみたり，弱いとみなすなど，歪んだ認識をもつ。
8. 解決方法の拙さ
以上の結果，都合の悪い情報や意見は無視され，きちんとした検討が行われず，愚策が実行に移されてしまう。

このような現象を**リスキー・シフト**といいます。

　心理学者ワラックたち（1962）は，魅力的だがリスクのある選択肢と，リスクはないがあまり魅力的でない選択肢を用意し，どちらを選択するかを個別に判断させる場合と集団で話し合って判断させる場合を比較しました。たとえば，手術をすれば完全な健康を取り戻せるが，その手術はリスクを伴い，手術をしなければリスクはないが不便な生活を強いられるという場合，手術の成功確率がどのくらいあれば手術を選ぶか，といった問題です。その結果，12問のいずれにおいても，個人で判断する場合よりも集団で判断する場合のほうが魅力的だけどリスクのある選択肢を選ぶ傾向があることが確認されました。

　集団で話し合って決めるとリスキーな判断になってしまう理由として，責任の分散が起こるということがあると考えられます。みんなで決めるとなると，1人で決める場合と違って，自分だけの責任ではないため，各自の責任感が薄れ，慎重さが失われるというわけです。こうしてみると，みんなで話し合って決めることが必ずしも望ましいわけではないことがわかります。

コラム12-1　疑わしい全会一致——同調圧力が生む不祥事

　2011年に，長年にわたる巨額の不正経理が明るみに出たオリンパス事件でも，事件について調査した第三者委員会による報告書によれば，不正に対して異論を唱える雰囲気が社内になかったとし，「風通しが悪く，意見を自由に言えないという企業風土が形成」されていたと指摘しています。そのため，営業実態と比べて高額な買収や，常識を超える巨額の手数料支払いが取締役会にかけられても，十分な検討が行われませんでした（朝日新聞2011年12月7日朝刊）。
（中略）
　これは日本的な組織では決して特殊な会議のあり方でないことはだれにもわかるでしょう。ちょっと危うい感じがするけど，提案者に疑問をぶつけたり反対意見を表明したりするのも何だか気まずいし，ここは提案者に任せるしかないな。そんな気持ちで黙っていると，
「とくに異議がないようですので，全会一致で承認ということにしたいと思います」
という議長の声が聞こえてきて，内心釈然としないままつぎの議題に移る。どの組織でも，よく見かける光景と言えます。
　意見や質問が盛んに出て，すんなりと提案が通らないことを「会議が荒れた」などと言うこと自体，意見や質問はあまり出ないままに通ることが前提とされていることを示しています。このような無言の同調圧力の中，参加者の過半数が疑問に思っていた提案や，これは危ないのではと不安を抱いた提案が，「全会一致」で可決してしまうのです。
　ここからわかるのは，全会一致というのが極めて疑わしく，何とも危うい決議方式だということです。多様な人間が集まって検討したのに，全員の見解が一致するなどということは，現実にはほとんどあり得ないことです。それにもかかわらず全会一致で決まったということは，異論を出しにくい雰囲気に支配されていたことの証拠と言えます。
（榎本博明『仕事で使える心理学』日本経済新聞出版社，2014年より）

引用文献

第1章

Asch, S. E. (1946). Forming impressions of personality. *Journal of Abnormal and Social Psychology*, **41**, 258-290.

Banaji, M. R., Hardin, C., & Rothman, A. J. (1993). Implicit stereotyping in person judgment. *Journal of Personality and Social Psychology*, **65**, 272-281.

Carpenter, S. L. (1988). Self-relevance and goal-directed processing in the recall and weighting of information about others. *Journal of Experimental Social Psychology*, **24**, 310-332.

Cohen, C. E. (1981). Person categories and social perception : Testing some boundaries of the prosessing effect of prior knowledge. *Journal of Personality and Social Psychology*, **40**, 441-452.

大坊郁夫 (1997). 魅力の心理学 ポーラ文化研究所

Dornbusch, S. M., Hastorf, A. H., Richardson, S. A., Muzzy, R. E., & Vreeland, R. S. (1965). The perceiver and perceived : Their relative influence on categories of interpersonal perception. *Journal of Personality and Social Psychology*, **1**, 434-440.

Graham, J. A., & Jouhar, A. J. (1981). The effect of cosmetics on person perception. *International Journal of Cosmetic Science*, **3**, 199-210.

林 文俊 (1978). 対人認知構造の基本次元についての一考察 名古屋大学教育学部紀要, **25**, 233-247.

Kelley, H. H. (1950). The warm-cold variable in first impressions of persons. *Journal of Personality*, **18**, 431-439.

Lefkowitz, M., Blake, R. R., & Mouton, J. S. (1955). Status factors in pedestrian violation of traffic signals. *Journal of Abnormal and Social Psychology*, **51**, 704-706.

McGarty, C., Yzerbyt, V. Y., & Spears, R. (2002). *Stereotypes as explanations*. Cambridge University Press.
（マクガーティ, C.・イゼルビット, V. Y.・スピアーズ, R. 国広陽子（監修）有馬明恵・山下玲子（監訳）(2007). ステレオタイプとは何か――「固定観念」から「世界を理解する"説明力"」へ―― 明石書店）

森川和則 (2015). 化粧による顔の心理効果――顔錯視研究の観点から―― 映像情報メディア学会誌, **69**, 842-847.

大橋正夫・平林 進・長戸啓子・吉田俊和・佐伯道治 (1975). 性格の印象評定における面接法と質問紙法 名古屋大学教育学部紀要, **22**, 83-102.

Rosenberg, S., Nelson, C., & Vivekananthan, P. (1968). A multidimensional approach to the structure of personality impressions. *Journal of Personality and Social Psychology*, **9**, 283-294.

Schiavo, R. S., Sherlock, B., & Wicklund, G. (1974). Effect of attire on obtaining directions. *Psychological Reports*, **34**, 245-246.
高木麻美 (2010). 友人とのつきあい方と被服行動の関連——被服が友人関係形成に及ぼす影響の探索的検討—— 繊維製品消費科学, **51**, 129-134.
吉川美奈子・榎本博明 (2000). 化粧行動・被服選択と自己概念 日本性格心理学会大会発表論文集, **8**, 82-83.

第2章

Becknell, J. C. Jr., Wilson, W. R., & Baird, J. C. (1963). The effect of frequency of presentation on the choice of nonsense syllables. *Journal of Psychology*, **56**, 165-170.

Bower, G. H., Gilligan, S. G., & Monteiro, K. P. (1981). Selectivity of learning caused by affective states. *Journal of Experimental Psychology : General*, **110**, 451-473.

Byrne, D., & Griffitt, W. (1966). A developmental investigation of the law of attraction. *Journal of Personality and Social Psychology*, **4**, 699-702.

Dion, K. K., Berscheid, E., & Walster, E. (1972). What is beautiful is good. *Journal of Personality and Social Psychology*, **24**, 285-290.

Dutton, D. G., & Aron, A. P. (1974). Some evidence for heightened sexual attraction under conditions of high anxiety. *Journal of Personality and Social Psychology*, **30**, 510-517.

Festinger, L., Schachter, S., & Back, K. W. (1963). *Social pressures in informal groups*. Stanford University Press.

Forgas, J. P., & Bower, G. H. (1987). Mood effects on person-perception judgments. *Journal of Personality and Social Psychology*, **53**, 53-60.

Griffit, W. (1970). Environmental effects on interpersonal affective behavior : Ambient effective temperature and attraction. *Journal of Personality and Social Psychology*, **15**, 240-244.

Landy, D., & Sigall, H. (1974). Beauty is talent : Task evaluation as a function of the performer's physical attractiveness. *Journal of Personality and Social Psychology*, **29**, 299-304.

Langlois, J. H., Kalakanis, L., Rubenstein, A. J., Larsen, A., Hallam, M., & Smoot, M. (2000). Maxims or myths of beauty? A meta-analytic and theoretical review. *Psychological Bulletin*, **126**, 390-423.

Miller, A. G. (1970). Role of physical attractiveness in impression formation. *Psychonomic Science*, **19**, 241-243.

Newcomb, T. M. (1956). The prediction of interpersonal attraction. *American Psychologist*, **11**, 575-586.

Schachter, S., & Singer, J. (1962). Cognitive, social and physiological determinants of emotional state. *Psychological Review*, **69**, 379-399.

Segal, M. W. (1974). Alphabet and attraction : An unobtrusive measure of the effect of propinquity in a field setting. *Journal of Personality and Social Psychology*, **30**, 654-657.

Singh, D. (1993). Adaptive significance of female physical attractiveness : Role of waist-to-hip ratio. *Journal of Personality and Social Psychology*, **65**, 293-307.

Walster, E., Aronson, V., Abrahams, D., & Rottmann, L. (1966). Importance of physical attractiveness in dating behavior. *Journal of Personality and Social Psychology*, **4**, 508-516.

Zajonc, R. B. (1968). Attitudinal effects of mere exposure. *Journal of Personality and Social Psychology* (Monograph), **9**, 1-27.

第3章

Altman, I., & Taylor, D. A. (1973). *Social penetration*. New York : Holt, Rinehart & Winston.

安藤清志 (1994). 見せる自分/見せない自分——自己呈示の社会心理学—— サイエンス社

Chaikin, A. L., & Derlega, V. J. (1974a). Liking for the norm-breaker in self-disclosure. *Journal of Personality*, **42**, 117-129.

Chaikin, A. L., & Derlega, V. J. (1974b). Variables affecting the appropriateness of self-disclosure. *Journal of Consulting and Clinical Psychology*, **42**, 588-593.

Chelune, G. J. (1976). Reaction to male and female disclosure at two levels. *Journal of Personality and Clinical Psychology*, **45**, 1139-1143.

Chelune, G. J., Skiffington, S., & Williams, C. L. (1981). Multidimensional analysis of observers' perceptions of self-disclosing behavior. *Journal of Personality and Social Psychology*, **41**, 599-606.

Clore, J., Wiggins N., & Itkin, S. (1975). Judging attraction from nonverbal behavior : The gain phenomenon. *Journal of Consulting and Clinical Psychology*, **43**, 491-497.

大坊郁夫 (1998). しぐさのコミュニケーション——人は親しみをどう伝えあうか—— サイエンス社

Derlega, V. J., & Chaikin, A. L. (1975). *Sharing intimacy*. New Jersey : Prentice-Hall.
 (デルレガ, V. J.・チェイキン, A. L. 榎本博明 (訳) (1983). ふれあいの心理学 有斐閣)

Derlega, V. J., & Chaikin, A. L. (1976). Norms affecting self-disclosure in men and women. *Journal of Consulting and Clinical Psychology*, **44**, 376-380.

Ekman, P., & Friesen, W. V. (1975). *Unmasking the face*. Prentice-Hall.
 (エクマン, P.・フリーセン, W. V. 工藤 力 (編訳) (1987). 表情分析入門 誠信書房)

榎本博明 (1997). 自己開示の心理学的研究 北大路書房

深田博己 (1998). インターパーソナル・コミュニケーション——対人コミュニケーションの心理学—— 北大路書房

船津 衛 (1987). 自我と社会的相互作用 永田良昭・船津 衛 (編著) 社会心理学の展開 (pp.62-69) 北樹出版

Goffman, E. (1959). *The presentation of self in everyday life*. Doubleday & Company.
 (ゴッフマン, E. 石黒 毅 (訳) (1974). ゴッフマンの社会学 1 行為と演技——日常

生活における自己呈示——　誠信書房)

Hall, E. T. (1966). *The hidden dimension.* New York：Doubleday & Company.
(ホール，E. 日高敏隆・佐藤信行（訳）(1970). かくれた次元　みすず書房)

Hare, A., & Bales, R. (1963). Seating position and small group interaction. *Sociometry*, **26**, 480-486.

Jones, E. E., & Gordon, E. M. (1972). Timing of self-disclosure and its effects on personal attraction. *Journal of Personality and Social Psychology*, **24**, 358-365.

Jourard, S. M., & Friedman, R. (1970). Experimenter-subject 'distance' and self-disclosure. *Journal of Personality and Social Psychology*, **15**, 278-282.

Kleinke, C. L. (1975). *First impressions : The psychology of encountering others.* New Jersey：Prentice-Hall.
(クラインク，C. L. 福屋武人（監訳）榎本博明・塩崎万里（訳）(1984). ファースト・インプレッション　有斐閣)

Kleinke, C. L., & Kahn, M. L. (1978). *Perceptions of self-disclosures.* Wellesley College.

Levine, D. W., O'Neal, E. C., Garwood, S. G., & McDonald, P. J. (1980). Classroom ecology：The effects of seating position on grades and participation. *Personality and Social Psychology Bulletin*, **6**, 409-412.

Nichols, K. A., & Champness, B. G. (1971). Eye gaze and the GSR. *Journal of Experimental Social Psychology*, **7**, 623-626.

Patterson, M. L. (1983). *Nonverbal behavior : A functional perspective.* Springer-Verlag.
(パターソン，M. L. 工藤　力（監訳）(1995). 非言語コミュニケーションの基礎理論　誠信書房)

Rubin, Z. (1970). Measurement of romantic love. *Journal of Personality and Social Psychology*, **16**, 265-273.

Shimoda, K., Argyle, M., & Bitti, P. R. (1978). The intercultural recognition of emotional expressions by three national racial groups：English, Italian and Japanese. *European Journal of Social Psychology*, **8**, 169-179.

Sommer, R. (1969). *Personal space : The behavioral basis of design.* Englewood Cliffs, New Jersey：Prentice-Hall.
(ソマー，R. 穐山貞登（訳）(1972). 人間の空間——デザインの行動的研究——　鹿島出版会)

Vargas, M. F. (1987). *Louder than words : An introduction to nonverbal communication.* Iowa State University Press.
(ヴァーガス，M. F.・石丸　正（訳）(1987). 非言語コミュニケーション　新潮社)

Wortman, C. B., Adesman, P., Herman, E., & Greenberg, R. (1976). Self-disclosure：An attributional perspective. *Journal of Personality and Social Psychology*, **33**, 184-191.

第4章

Anderson, C. A., & Bushman, B. J. (2001). Effects of violent video games on aggressive behavior, aggressive cognition, aggressive affect, physiological arousal, and prosocial behavior : A meta-analytic review of the scientific literature. *Psychological Science*, **12**, 353–359.

Anderson, K. B., Anderson, C. A., Dill, K. E., & Deuser, W. E. (1998). The interactive relations between trait hostility, pain, and aggressive thoughts. *Aggressive Behavior*, **24**, 161–171.

Bushman, B. J. (1995). Moderating role of trait aggressiveness in the effects of violent media on aggression. *Journal of Personality and Social Psychology*, **69**, 950–960.

Crick, N. R., & Grotpeter, J. K. (1995). Relational aggression, gender, and social psychological adjustment. *Child Development*, **66**, 710–722.

Damon, W. (1983). *Social and personality development*. W. W. Norton & Company.
（デーモン，W. 山本多喜司（編訳）（1990）．社会性と人格の発達心理学 北大路書房）

Darley, J. M., & Latané, B. (1968). Bystander intervention in emergencies : Diffusion of responsibility. *Journal of Personality and Social Psychology*, **8**, 377–383.

Davis, M. H. (1983). Measuring individual differences in empathy : Evidence for a multidimensional approach. *Journal of Personality and Social Psychology*, **44**, 113–126.

Dill, K. E., Anderson, C. A., Anderson, K. B., & Deuser, W. E. (1997). Effects of aggressive personality on social expectations and social perceptions. *Journal of Research in Personality*, **31**, 272–292.

Dodge, K. A., & Coie, J. D. (1987). Social-information-processing factors in reactive and proactive aggression in children's peer groups. *Journal of Personality and Social Psychology*, **53**, 1146–1158.

土居健郎（1971）．「甘え」の構造 弘文堂

Drabman, R. S., & Thomas, M. H. (1974). Does media violence increase children's toleration of real-life aggression? *Developmental Psychology*, **10**, 418–421.

榎本博明（2016a）．他人を引きずりおろすのに必死な人 SBクリエイティブ

榎本博明（2016b）．「やさしさ」過剰社会――人を傷つけてはいけないのか―― PHP研究所

榎本博明（2017）．思いやりのない子は増えているか 児童心理，**71**, 10, 26–32.

藤井 勉・澤田匡人（2014）．自尊感情とシャーデンフロイデ――潜在連合テストを用いた関連性の検討―― 感情心理学研究，**21**, 114–123.

Huesman, L. R. (2007). The impact of electronic media violence : Scientific theory and research. *Journal of Adolescent Health*, **41**, S6–S13.

Huesman, L. R., Moise-Titus, J., Podolski, C., & Eron, L. D. (2003). Longitudinal relations between children's exposure to TV violenve and their aggressive and violent behavior in young adulthood : 1977–1992. *Developmental Psychology*, **39**, 201–221.

Latané, B., & Darley, J. M. (1970). *The unresponsive bystander : Why doesn't he help?* Meredity Corporation.
（ラタネ，B.・ダーリー，J. M. 竹村研一・杉崎和子（訳）（1997）．新装版 冷淡な傍

観者――思いやりの社会心理学―― ブレーン出版）
Leary, M. R., Twenge, J. M., & Quinlivan, E.（2006）. Interpersonal rejection an a determinant of anger and aggression. *Personality and Social Psychology Review*, **10**, 111-132.
大渕憲一（2011）．新版 人を傷つける心――攻撃性の社会心理学―― サイエンス社
大平 健（1995）．やさしさの精神病理 岩波新書
岡田 涼（2012）．大学生における日常の受容・拒絶体験と自尊心，攻撃性との関連 パーソナリティ研究，**21**, 84-86.
Paik, H., & Comstock, G.（1994）. The effects of television violence on antisocial behavior：A meta-analysis. *Communication Research*, **21**, 516-546.
Richardson, D. R., Hammock, G. S., Smith, S. M., Gardner, W., & Signo, M.（1994）. Empathy as a cognitive inhibitor of interpersonal aggression. *Aggressive Behavior*, **20**, 275-289.
坂井玲奈（2005）．思いやりに関する研究の概観と展望――行動に表れない思いやりに注目する必要性の提唱―― 東京大学大学院教育学研究科紀要，**45**, 143-148.
澤田匡人（2008）．シャーデンフロイデの喚起に及ぼす妬み感情と特性要因の影響――罪悪感，自尊感情，自己愛に着目して―― 感情心理学研究，**16**, 36-48.
Schechter, M. D., & Rand, M. J.（1974）. Effect of acute deprivation of smoking on aggression and hostility. *Psychopharmacologia*, **35**, 19-28.
Twenge, T. M., Baumeister, R. R., Tice, D. M., & Stucke, T. S.（2001）. If you can't join them, beat them：Effects of social exclusion on aggressive behavior. *Journal of Personality and Social Psychology*, **81**, 1058-1069.

第5章

Abbott, M. J., & Rapee, R. M.（2004）. Post-event rumination and negative self-appraisal in social phobia before and after treatment. *Journal of Abnormal Psychology*, **113**, 136-144.
相澤直樹（2015）．社交不安に対する対人場面の解釈の偏りと自動思考の効果 心理学研究，**86**, 200-208.
Amin, N., Foa, E. B., & Coles, M. E.（1998）. Negative interpretation bias in social phobia. *Behavior Research and Therapy*, **36**, 945-957.
Asmundson, G. J. G., & Stein, M. B.（1994）. Selective processing of social threat in patients with generalized social phobia：Evaluation using a dot-probe paradigm. *Journal of Anxiety Disorders*, **8**, 107-117.
Buss, A. H.（1986）. *Social behavior and personality*. New Jersey：Lawrence Erlbaum Associates.
　（バス，A. H. 大渕憲一（監訳）（1991）．対人行動とパーソナリティ 北大路書房）
Cheek, J. M., & Buss, A. H.（1981）. Shyness and sociability. *Journal of Personality and Social Psychology*, **41**, 330-339.
Connor, K. M., Kobak, K. A., Churchill, L. E., Katzelnick, D., & Davidson, J. R.（2001）. Mini-SPIN：A brief screening assessment for generalized social anxiety disorder. *Depression and*

Anxiety, **14**, 137-140.

Davidson, J. R., Hughes, D. L., George, L. K., & Blazer, D. G.(1993). The epidemiology of social phobia：Findings from the Duke epidemiological catchment area study. *Psychological Medicine*, **23**, 709-718.

榎本博明（1997）．自己開示の心理学的研究　北大路書房

榎本博明（2004）．対人関係にあらわれるパーソナリティ　榎本博明・桑原知子（編著）新訂　人格心理学（pp.38-53）　放送大学教育振興会

榎本博明（2006）．コミュニケーション力尺度の信頼性と妥当性　日本パーソナリティ心理学会大会発表論文集，**15**, 110-111.

榎本博明（2012）．近しい相手ほど許せないのはなぜか　角川マガジンズ

榎本博明（2016）．傷つきやすくて困った人　イースト・プレス

榎本博明・林　洋一・横井優子（2001）．自己概念と対人不安（2）日本社会心理学会第42回大会発表論文集，310-311.

Fenigstein, A., Scheier, M. F., & Buss, A. H.(1975). Public and private self-consciousness：Assessment and theory. *Journal of Cousulting and Clinical Psychology*, **43**, 422-527.

Gabbard, G. O.(1989). Two subtypes of narcissistic personality disorder. *Bulletin of Menninger Clinic*, **53**, 527-532.

Hirsch, C. R., & Clark, D. M.(2004). Information-processing bias in social phobia. *Clinical Psychology Review*, **24**, 799-825.

上地雄一郎・宮下一博（2005）．コフートの自己心理学に基づく自己愛的脆弱性尺度の作成　パーソナリティ研究，**14**, 80-91.

Lennox, R. D., & Wolfe, R. N.(1984). Revision of the self-monitoring scale. *Journal of Personality and Social Psychology*, **46**, 1349-1364.

武蔵由佳・箭本佳己・品田笑子・河村茂雄（2012）．大学生における学校生活満足感と精神的健康との関連の検討　カウンセリング研究，**45**, 165-174.

中山　恵・榎本博明（2006）. Big Fiveと自己愛的脆弱性　日本パーソナリティ心理学会大会発表論文集，**15**, 114-115.

Safren, S. A., Heimberg, R. G., Brown, E. J., & Holle, C.(1997). Quality of life in social phobia. *Depression and Anxiety*, **4**, 126-133.

Schlenker, B. R., & Leary, M. R.(1982). Social anxiety and self-presentation：A conceptualization and model. *Psychological Bulletin*, **92**, 641-669.

Schneier, F. R., Johnson, J., Horning, C. D., Liebowitz, M. R., & Weissman, M. M.(1992). Social phobia. Comorbidity and morbidity in an epidemiologic sample. *Archives of General Psychiatry*, **49**, 282-288.

Snyder, M.(1974). The self-monitoring of expressive behavior. *Journal of Personality and Social Psychology*, **30**, 526-537.

Stein, M. B., & Kean, Y. M.(2000). Disability and quality of life in social phobia：Epidemiologic findings. *American Journal of Psychiatry*, **157**, 1606-1613.

Stopa, L., & Clark, D. M. (2000). Social phobia and interpretation of social events. *Behavioral Research and Therapy*, **38**, 273-283.
東京大学医学部心療内科 TEG 研究会（編）(2002). 新版 TEG　解説とエゴグラム・パターン　金子書房
横井優子・榎本博明 (2002). 過去への態度と対人不安意識　日本性格心理学会大会発表論文集, **11**, 50-51.
吉永尚紀・清水栄司 (2016). 社交不安障害（社交不安症）の認知行動療法マニュアル（治療者用）　不安症研究, 特別号, 42-93.

第6章

Berndt, T. J., & Burgy, L. (1996). Social self-concept. In B. A. Bracken (Ed.), *Handbook of self-concept* (pp.171-209). New York：John Wiley & Sons.
Bohrnstedt, G. W., & Felson, R. B. (1983). Explaining the relations among children's actual and perceived performances and self-esteem：A comparison of several causal models. *Journal of Personality and Social Psychology*, **45**, 43-56.
Campbell, J. D., & Fehr, B. (1990). Self-esteem and perceptions of conveyed impressions：Is negative affectivity associated with greater realism? *Journal of Personality and Social Psychology*, **58**, 122-133.
Cooley, C. H. (1902). *Human nature and the social order*. New York：Charles Scribner's Sons.
榎本博明 (1987a). 青年期（大学生）における自己開示性とその性差について　心理学研究, **58**, 91-97.
榎本博明 (1987b). 自己開放性と適応──仮面と自己をめぐって──　島田一男（監修）滝本孝雄・鈴木乙史（編）講座　人間関係の心理6　性格と人間関係　ブレーン出版
榎本博明 (1993). 自己概念の場面依存性に関する研究　日本社会心理学会第34回大会発表論文集, 230.
榎本博明 (1997). 自己開示の心理学的研究　北大路書房
榎本博明 (1998). 「自己」の心理学──自分探しへの誘い──　サイエンス社
Erikson, E. H. (1959). *Identity and the life cycle*. Psychological Issues. Vol. 1. No. 1. Monograph 1. New York：International University Press.
　（エリクソン, E. H. 小此木啓吾（訳編）(1973). 自我同一性──アイデンティティとライフサイクル──　誠信書房）
Gallup, G. G. Jr. (1977). Self-recognition in primates：A comparative approach to the bidirectional properties of consciousness. *American Psychlogist*, **32**, 329-338.
Higgins, E. T. (1987). Self-discrepancy：A theory relating self and affect. *Psychological Review*, **94**, 319-340.
Higgins, E. T., Klein, R., & Strauman, T. (1985). Self-concept discrepancy：A psychological model for distinguishing among different aspects of depression and anxiety. *Social Cognition*, **3**, 51-76.

Higgins, E. T., Bond, R. N., Klein, R., & Strauman, T. (1986). Self-discrepancies and emotional vulnerability : How magnitude, accessibility, and type of discrepancy influence affect. *Journal of Personality and Social Psychology*, **51**, 5-15.

James, W. (1892). *Psychology : Briefer course*.
　（ジェームズ，W. 今田　寛（訳）（1993）．心理学（上・下）　岩波書店）

John, O. P., & Robins, R. W. (1994). Accuracy and bias in self-perception : Individual differences in self-enhancement and the role of narcissism. *Journal of Personality and Social Psychology*, **66**, 206-219.

Kernis, M. H., Granneman, B. D., & Barclay, L. C. (1989). Stability and level of self-esteem as predictors of anger arousal and hostility. *Journal of Personality and Social Psychology*, **56**, 1013-1022.

Kihlstrom, J. F., & Cantor, N. (1984). Mental representations of the self. *Advances in Experimental Social Psychology*, **17**, 1-47.

Kroger, J. (2000). *Identity development : Adolescence through adulthood*. Sage Publications.
　（クロガー，J. 榎本博明（編訳）（2005）．アイデンティティの発達――青年期から成人期――　北大路書房）

Lewis, M., & Brooks-Gunn, J. (1979). *Social cognition and the acquisition of self*. New York : Plenum.

Strauman, T. J., & Higgins, E. T. (1987). Automatic activation of self-discrepancies and emotional syndromes : When cognitive structures influence affect. *Journal of Personality and Social Psychology*, **53**, 1004-1014.

Tesser, A. (1988). Toward a self-evaluation maintenance model of social behavior. *Advances in Experimantal Social Psychology*, **21**, 181-227.

Tesser, A., & Campbell, J. (1982). Self-evaluation maintenance and the perception of friends and strangers. *Journal of Personality*, **50**, 261-279.

Tesser, A., Campbell, J., & Smith, M. (1984). Friendship choice and performance : Self-evaluation maintenance in children. *Journal of Personality and Social Psychology*, **46**, 561-574.

第7章

東　洋（1994）．日本人のしつけと教育――発達の日米比較にもとづいて――　東京大学出版会

東　洋・柏木惠子・ヘス，R. D.（1981）．母親の養育態度と子どもの知的発達――日米比較研究――　東京大学出版会

土居健郎（1971）．「甘え」の構造　弘文堂

土居健郎（2001）．続「甘え」の構造　弘文堂

榎本博明（2012）．「すみません」の国　日本経済新聞出版社

榎本博明（2014）．ディベートが苦手，だから日本人はすごい　朝日新聞出版

榎本博明（2016）．「みっともない」と日本人　日本経済新聞出版社
Hall, E. T.（1976）．*Beyond culture*. Anchor Books.
　　（ホール，E. T. 岩田慶治・谷　泰（訳）（1979）．文化を超えて　TBSブリタニカ）
今井康夫（1990）．アメリカ人と日本人——教科書が語る強い個人と優しい一員——　創流出版
古澤賴雄（1996）．思いやる心　柏木惠子・古澤賴雄・宮下孝広（1996）．発達心理学への招待——こころの世界を開く30の扉——　ミネルヴァ書房
Markus, H. R., & Kitayama, S.（1991）. Culture and the self : Implications for cognition, emotion, and motivation. *Psychological Review*, **98**, 224–253.
Nitobe, I.（1900）．*Bushido : The soul of Japan*. Philadelphia：The Leeds & Biddle.
　　（新渡戸稲造（著）須知徳平（訳）（1998）．武士道　講談社インターナショナル）
Tobin, J. J., Wu, D. Y. H., & Davidson, D. H.（1989）．*Preschool in three cultures : Japan, China and United States*. Yale University Press.

第8章

東　奈々子・榎本博明（2006）．自己開示および自己呈示とふれあい恐怖の関係　日本パーソナリティ心理学会大会発表論文集，**15**, 108–109.
Bringle, R. G.（1991）. Psychosocial aspects of jealousy：A transactional model. In P. Salovey（Ed.），*The psychology of jealousy and envy*（pp.103–131）. New York：The Guilford Press.
榎本博明（1997）．自己開示の心理学的研究　北大路書房
榎本博明（2001）．恋愛の心理学——新しい自分の発見　「魅力」の法則——　三笠書房
榎本博明（2005）．自己開示傾向と自己開示を抑制する心理——短縮版自己開示質問紙を用いて——　日本パーソナリティ心理学会大会発表論文集，**14**, 115–116.
榎本博明（2016）．「やさしさ」過剰社会——人を傷つけてはいけないのか——　PHP研究所
Heider, F.（1958）．*The psycholigy of interpersonal relations*. John Wiley & Sons.
　　（ハイダー，F. 大橋正夫（訳）（1978）．対人関係の心理学　誠信書房）
磯崎三喜年（1994）．児童・生徒の自己評価維持機制の発達的変化と抑うつとの関連について　心理学研究，**65**, 130–137.
磯崎三喜年・高橋　超（1988）．友人選択と学業成績における自己評価維持機制　心理学研究，**59**, 113–119.
神野　雄（2015）．嫉妬研究の概観と展望　神戸大学発達・臨床心理学研究，**14**, 18–28.
神野　雄（2016）．多次元恋愛関係嫉妬尺度の作成と信頼性・妥当性の検討　パーソナリティ研究，**25**, 86–88.
Lee, J. A.（1977）. A typology of styles of loving. *Personality and Social Psychology Bulletin*, **3**, 173–182.
松井　豊（1993）．恋ごころの科学　サイエンス社
日本社会心理学会（編）（2009）．社会心理学事典　丸善
岡田　努（2002）．現代大学生のふれあい恐怖的心性と友人関係の関連についての考察　性

格心理学研究,**10**, 69-84.
Parrott, W. G.(1991). The emotional experiences of envy and jealousy. In P. Salovey(Ed.), *The psychology of jealousy and envy*(pp.3-30). New York:The Guilford Press.
Pfeiffer, S. M., & Wong, P. T. P.(1989). Multidimensional jealousy. *Journal of Social and Personal Relationships*, **6**, 181-196.
Rubin, Z.(1970). Measurement of romantic love. *Journal of Personality and Social Psychology*, **16**, 265-273.
桜井茂男(1992). 自己評価維持モデルに及ぼす個人差要因の影響 心理学研究, **63**, 16-22.
Stendhal(1822). *De l'amour*. Mongie.
 (スタンダール 大岡昇平(訳)(1970). 恋愛論 新潮社)
Tesser, A.(1988). Toward a self-evaluation maintenance model of social behavior. *Advances in Experimantal Social Psychology*, **21**, 181-227.
Tesser, A., & Campbell, J.(1982). Self-evaluation maintenance and the perception of friends and strangers. *Journal of Personality*, **50**, 261-279.
Tesser, A., Campbell, J., & Smith, M.(1984). Friendship choice and performance:Self-evaluation maintenance in children. *Journal of Personality and Social Psychology*, **46**, 561-574.
White, G. L.(1981). A model of romantic jealousy. *Motivation and Emotion*, **5**, 295-310.

第9章

安藤寿康(2009). 生命現象としてのパーソナリティ 榎本博明・安藤寿康・堀毛一也 パーソナリティ心理学——人間科学,自然科学,社会科学のクロスロード——(pp.111-133) 有斐閣
Baumrind, D.(1967). Child care practices anteceding three patterns of preschool behavior. *Genetic Psychology Monographs*, **75**, 43-88.
Beavers, R., & Hampson, R. B.(2000). The Beavers Systems Model of Family Functioning. *Journal of Family Therapy*, **22**, 128-143.
Bell, R. Q.(1968). A reinterpretation of the direction of effect in studies of socialization. *Psychological Review*, **75**, 81-95.
Brazelton, T. B.(1973). *Neonatal behavioral assessment scale*. Philadelphia:J. P. Lippincott.
 (ブラゼルトン,T. B. 鈴木良平(監訳)(1979). 新生児行動評価 医歯薬出版)
Coopersmith, S.(1971). *Studies in self-esteem*. Scientific American.
 (カッパースミス,S. 岡本 六(訳)(1972). 自尊心の形成と家庭環境 別冊サイエンス 日本経済新聞社)
Cumsille, P. E., & Epstein, N.(1994). Family cohesion, family adaptability, social support, and adolescent depressive symptoms in outpatient clinic families. *Journal of Family Psychology*, **8**(2), 202-214.
Damon, W.(1983). *Social and personality development*. W. W. Norton & Company.

（デーモン，W. 山本多喜司（編訳）(1990). 社会性と人格の発達心理学　北大路書房）
榎本博明 (1995). 日本人の自然観：自然を客体視できない心性について——文学史的観点を中心に——　環境教育, **4** (2), 2-13.
榎本博明 (1997). 環境教育教材としての環境倫理質問票に対する大学生の反応　環境教育, **6** (2), 31-40.
榎本博明 (2003). はじめてふれる心理学　サイエンス社
榎本博明 (2005). 家族の機能論　小林芳郎（編）家族のための心理学（pp.26-29）保育出版社
榎本博明 (2006). 子育てストレスに影響する諸要因　日本教育心理学会第48回総会論文集, 668.
Epstein, N. B., Bishop, D. S., Ryan, C., & Miller, I. G. (1993). The McMaster model: View of healthy family functioning. In F. Walsh (Ed.), *Normal family processes* (2nd ed.) (pp.138-160). New York/London: The Guilford Press.
Glick, I. D., & Kessler, D. R. (1980). *Marital and family therapy* (2nd ed.). New York: Grune & Stratton.
（グリック，I. D.・ケスラー，D. R. 鈴木浩二（訳）(1983). 夫婦家族療法　誠信書房）
Haley, J. (1976). *Problem-solving therapy*. San Francisco: Jossey-Bass Publishers.
（ヘイリィ，J. 佐藤悦子（訳）(1985). 家族療法——問題解決の戦略と実際——　川島書店）
平木典子 (1999). 家族の心理構造　岡堂哲雄（編）家族心理学入門　補訂版（pp.13-23）培風館
亀口憲治 (1999). 家族の心理過程　岡堂哲雄（編）家族心理学入門　補訂版（pp.25-33）培風館
柏木惠子 (2003). 家族心理学——社会変動・発達・ジェンダーの視点——　東京大学出版会
Korner, A. F. (1974). The effect of the infant's state, level of arousal, sex, and ontogenetic stage on the care giver. In M. Lewis, & L. A. Rosenblum (Eds.), *The effect of the infant on its care giver* (Vol. 1). New York: Wiley.
国谷誠朗 (1983). システム論的アプローチによる家族療法——その展望と日本での試み——　日本家族心理学研究会（編）家族臨床心理の展望　家族心理学年報, **1**, 53-55.
Minuchin, S. (1974). *Families and family therapy*. Harvard University Press.
（ミニューチン，S. 山根常男（監訳）(1984). 家族と家族療法　誠信書房）
森岡清美 (2000). 社会変動と家族の発達・個人の発達　日本発達心理学会第11回大会シンポジウム
西村智代・亀口憲治 (1991). 家族成員間のパワーおよびコミュニケーション・パターンからみた家族システムの変化——「物語創作場面」の分析を通して——　家族心理学研究, **5**, 109-119.
岡堂哲雄 (1999). 家族心理学の課題と方法　岡堂哲雄（編）家族心理学入門（補訂版）(p.1-11)　培風館

佐藤和夫（1996）．「親密圏」としての家族の矛盾　女性学研究会（編）女性がつくる家族　女性学研究4　勁草書房

遊佐安一郎（1984）．家族療法入門——システムズ・アプローチの理論と実際——　星和書店

第10章

Burger, J. M.（1986）. Increasing compliance by improving the deal：The that's-not-all technique. *Journal of Personality and Social Psychology*, **51**, 277-283.

Chaiken, S.（1980）. Heuristic versus systematic information processing and the use of source versus message cues in persuasion. *Journal of Personality and Social Psychology*, **39**, 752-766.

Cialdini, R. B., Vincent, J. E., Lewis, S. K., Catalan, J., Wheeler, D., & Darby, B. L.（1975）. Reciprocal concessions procedure for inducing compliance：The door in the face technique. *Journal of Personality and Social Psychology*, **31**, 206-215.

Cialdini, R. B., Cacioppo, J. T., Bassett, R., & Miller, J. A.（1978）. Low-ball procedure for producing compliance：Commitment then cost. *Journal of Personality and Social Psychology*, **36**, 463-476.

榎本博明（2014）．仕事で使える心理学　日本経済新聞出版社

Festinger, L.（1957）. *A theory of cognitive dissonance*. Row, Peterson and Company.
　（フェスティンガー，F. 末永俊郎（監訳）（1965）．認知的不協和の理論——社会心理学序説——　誠信書房）

Freedman, J. L., & Fraser, S. C.（1966）. Compliance without pressure：The foot in the door technique. *Journal of Personality and Social Psychology*, **4**, 195-203.

深田博己（1998）．インターパーソナル・コミュニケーション——対人コミュニケーションの心理学——　北大路書房

Hovland, C. I., Lumsdaine, A. A., & Sheffield, F. D.（1949）. *Experiments on mass communication*. Princeton：Princeton University Press.

Hovland, C. I., Janis, I. L., & Kelly, H.（1953）. *Psychological studies of opinion change*. Yale University Press.
　（ホヴランド，C. I. 辻　正三・今井省吾（訳）（1960）．コミュニケーションと説得　誠信書房）

Knowles, E., & Linn, J.（Eds.）（2004）. *Resistance and persuasion*. Mahwah, New Jersey：Lawrence Erlbaum Associates.

McGuire, W. J.（1985）. Attitudes and attitude change. In G. Lindzey, & E. Aronson（Eds.）, *The handbook of social psychology*. Vol. 2（pp.233-346）. New York：Random House.

日本社会心理学会（編）（2009）．社会心理学事典　丸善

Petty, R. E., & Cacioppo, J. T.（1990）. Involvement and persuasion：Tradition versus integration. *Psychological Bulletin*, **107**, 367-374.

榊　博文（1989）．説得を科学する　同文館出版

立花　薫（著）榎本博明（監修）(2014)．論理的に説得する技術――相手を意のままに操る極意―― SBクリエイティブ

第11章

Adams, J. S.（1965). Inequity in social exchange. In L. Berkowitz (Ed.), *Advances in experimental social psychology*. Vol. 2 (pp.267-299). Academic Press.

Bass, B. M.（1998). *Transformational leadership : Industrial, military, and educational impact*. Lawrence Erlbaum Associates.

榎本博明（2014)．仕事で使える心理学　日本経済新聞出版社

French, J. R. P. Jr., & Raven, B. H.（1959). The bases of social power. In D. Cartwright (Ed.), *Studies in social power* (pp.150-167). Ann Arbor, Michigan：Institute for Social Research.

Hersey, P., & Branchard, K. H.（1977). *The management of organizational behavior*. Englewood Cliffs, New Jersey：Prentice Hall.

本間道子（2011)．集団行動の心理学――ダイナミックな社会関係のなかで――　サイエンス社

Judge, J. A., Bono, J. E., Ilies, R., & Gerhardt, M. W.（2002). Personality and leadership：A qualitative and quantitative review. *Journal of Applied Psychology*, **87**, 765-780.

Lewin, K., Lippitt, R., & White, R.（1939). Patterns of aggressive behavior in experimentally created social climates. *Journal of Social Psychology*, **10**, 271-301.

Livingston, J. S.（1969). *Pygmarion in management*. Harvard Business Review, July.
（リビングストン，J. S.　DIAMONDハーバード・ビジネス・レビュー編集部（編訳）(2009)．ピグマリオン・マネジメント　新版　動機づける力――モチベーションの理論と実践――（pp.141-173）ダイヤモンド社）

三隅二不二（1966)．新しいリーダーシップ――集団指導の行動科学――　ダイヤモンド社

三隅二不二（1988)．組織におけるリーダーシップ　三隅二不二・山田雄一・南　隆男（編）応用心理学講座1　組織の行動科学（pp.164-197)　福村出版

三隅二不二・杉万俊夫・窪田由起・亀石圭志（1979)．企業組織体における中間管理者のリーダーシップ行動に関する実証的研究　実験社会心理学研究，**19**, 1-14.

Raven, B. H.（1965). Social influence and power. In I. D. Steiner, & M. Fishbein (Eds.), *Current studies in social psychology*. New York：Holt, Rinehart, Winston.

Rosenthal, R., & Jacobson, L.（1968). *Pygmalion in the classroom : Teacher expectation and pupils' intellectual development*. Holt, Rinehart and Winston.

第12章

Asch, S. E.（1955). Opinions and social pressure. *Scientific American*, **193** (5), 31-35.

Asch, S. E.（1956). Studies of independence and conformity：A minority of one against a unanimous majority. *Psychological Monographs*, **70**.

Chen, S. C.（1937). The leaders and followers among the ants in nest-building. *Physiological*

Zoology, **10**, 437-455.
Cottrell, N. B. (1972). Social facilitation. In C. G. McClintock (Ed.), *Experimental social psychology* (pp.185-236). Holt, Rinehart & Winston.
Deutch, M., & Gerard, H. B. (1955). A study of normative and informational social influence upon individual judgment. *Journal of Abnormal and Social Psychology*, **51**, 629-636.
榎本博明（2014）．仕事で使える心理学　日本経済新聞出版社
Forsyth, D. R. (2006). *Group dynamics* (4th ed.). Belmont, CA : Thompson Wadsworth.
Harlow, H. F. (1932). Social facilitation of feeding in the albino rat. *Journal of Genetic Psychology*, **41**, 211-221.
Hunt, P. J., & Hillery, J. M. (1973). Social facilitation in a coaction setting : An examination of the effects over learning trials. *Journal of Experimental Social Psychology*, **9**, 563-571.
Janis, I. L. (1982). *Groupthink : Psychological studies of policy decisions and fiascoes*. Boston : Houghton-Mifflin.
釘原直樹（2011）．グループ・ダイナミックス――集団と群集の心理学――　有斐閣
Mullen, B., & Copper, C. (1994). The relation between group cohesiveness and performance : An integration. *Psychological Bulletin*, **115**, 210-227.
岡　隆（2001）．社会心理学の重要研究　山岸俊男（編）社会心理学キーワード（pp.17-65）有斐閣
Schachter, S. (1951). Deviation, rejection and communication. *Journal of Abnormal and Social Psychology*, **46**, 190-207.
Triplett, H. (1898). The dynamogenic factors in pacemaking and competition. *American Journal of Psychology*, **9**, 507-533.
Wallach, M. A., Kogan, N., & Bem, D. J. (1962). Group influence on individual risk taking. *Journal of Abnormal and Social Psychology*, **65**, 75-86.
Weisband, S. P. (1992). Group discussion and first advocacy effects in computer-mediated and face-to-face decision making groups. *Organizational Behavior and Human Decision Processes*, **53**, 352-380.
Zajonc, R. B. (1965). Social facilitation : A solution is suggested for an old unresolved social psychological problem. *Science*, **149**, 269-274.

人名索引

ア　行

相澤直樹　80
東　奈々子　136
東　洋　116, 118, 122, 136
アスマンドソン（Asmundson, G. J. G.）　80
アダムス（Adams, J. S.）　198
アッシュ（Asch, S. E.）　2, 4, 210, 212, 214
アボット（Abbott, M. J.）　80
アミン（Amin, N.）　80
アルトマン（Altman, I.）　40
アンダーソン（Anderson, C. A.）　68
アンダーソン（Anderson, K. B.）　70
安藤清志　44, 46
安藤寿康　148

磯崎三喜年　132
今井康夫　124

ウォルスター（Walster, E.）　20
ウォルトマン（Wortman, C. B.）　42

エクマン（Ekman, P.）　54
榎本博明　38, 40, 60, 76, 88, 102, 118, 120, 134, 136, 154, 156, 162
エプスタイン（Epstein, N. B.）　148, 150
エリクソン（Erikson, E. H.）　98, 100

大橋正夫　10

カ　行

大平　健　60
大渕憲一　64
岡田　努　136
岡田　涼　66
岡堂哲雄　148, 150
小此木啓吾　98
オルポート（Allport, G. W.）　170

カーニス（Kernis, M. H.）　100
カーペンター（Carpenter, S. L.）　12
柏木惠子　148
上地雄一郎　92
カムシル（Cumsille, P. E.）　150
亀口憲治　160
神野　雄　142

ギャバート（Gabbard, G. O.）　90
ギャラップ（Gallup, G. G. Jr.）　96, 98
キャンベル（Campbell, J. D.）　100
キルシュトローム（Kihlstrom, J. F.）　102

クーパースミス（Coopersmith, S.）　146
クーリー（Cooley, C. H.）　96
国谷誠朗　164
クラインク（Kleinke, C. L.）　42, 52
グラハム（Graham, J. A.）　14
クリック（Crick, N. R.）　72
グリック（Glick, I. D.）　162

人名索引

グリフィット（Griffit, W.）　26, 34
クロア（Clore, J.）　52
クロガー（Kroger, J.）　100

ケリー（Kelley, H. H.）　4

コーエン（Cohen, C. E.）　12
コーナー（Korner, A. F.）　148
コットレル（Cottrell, N. B.）　204
ゴフマン（Goffman, E.）　44

サ　行

ザイアンス（Zajonc, R. B.）　24, 204
坂井玲奈　58
桜井茂男　134
佐藤和夫　152
澤田匡人　64

シーガル（Segal, M. W.）　24
ジェームズ（James, W.）　96, 102
シェクター（Schechter, M. D.）　64
シェルーン（Chelune, G. J.）　42
シモダ（Shimoda, K.）　54
シャクター（Schachter, S.）　28, 30, 210
ジャッジ（Judge, J. A.）　190
ジャニス（Janis, I. L.）　214
シャボー（Schiavo, R. S.）　16
ジュラード（Jourard, S. M.）　52
シュレンカー（Schlenker, B. R.）　78
ショーペンハウエル（Schopenhauer, A.）
　　76, 78
ジョーンズ（Jones, E. E.）　42
ジョン（John, O. P.）　108
シン（Singh, D.）　22

スタンダール（Stendhal）　136
ストーパ（Stopa, L.）　80
ストローマン（Strauman, T. J.）　106
スナイダー（Snyder, M.）　80

ソマー（Sommer, R.）　50

タ　行

ダーリー（Darley, J. M.）　62
大坊郁夫　14, 54
高木麻美　16
ダットン（Dutton, D. G.）　32
ダラード（Dollard, J.）　64

チーク（Cheek, J. M.）　82
チェイキン（Chaikin, A. L.）　42
チェイケン（Chaiken, S.）　176
チェン（Chen, S. C.）　204, 206
チャルディーニ（Cialdini, R. B.）　182

デイヴィス（Davis, M. H.）　58
ディオン（Dion, K. K.）　20
ディル（Dill, K. E.）　70
テッサー（Tesser, A.）　106, 132
デュセイ（Dusay, J. M.）　84
デルレガ（Derlega, V. J.）　42

土居健郎　112
ドイッチュ（Deutch, M.）　214
トウェンジー（Twenge, T. M.）　66
トービン（Tobin, J. J.）　122
ドーンブッシュ（Dornbusch, S.）　10
ドッジ（Dodge, K. A.）　72
ドラブマン（Drabman, R. S.）　66

人名索引

トリプレット（Triplett, H.）　204

ナ 行
中山　恵　92

ニコルズ（Nichols, K. A.）　52
西村智代　164
新渡戸稲造　116
ニューカム（Newcomb, T. M.）　26

ノールズ（Knowles, E.）　174

ハ 行
バーガー（Burger, J. M.）　184
ハーシー（Hersey, P.）　192
ハーロウ（Harlow, H. F.）　204, 206
バーン（Byrne, D.）　26, 84
バーント（Berndt, T. J.）　108
ハイダー（Heider, F.）　28, 130
バウアー（Bower, G. H.）　34
バウムリンド（Baumrind, D. B.）　146
バス（Bass, B. M.）　196
バス（Buss, A. H.）　78
パターソン（Patterson, M. L.）　48
バナジ（Banaji, M. R.）　12
林　文俊　10
ハレ（Hare, A.）　50
パロット（Parrott, W. G.）　142
ハント（Hunt, P. J.）　204

ビーバーズ（Beavers, R.）　150
ヒギンズ（Higgins, E. T.）　104, 106
ヒュースマン（Huesman, L. R.）　68, 70
平木典子　162

ヒルシュ（Hirsch, C. R.）　80

フェスティンガー（Festinger, L.）　24
フォーガス（Forgas, J. P.）　34
フォーサイス（Forsyth, D. R.）　208
深田博己　44, 46
藤井　勉　64
ブッシュマン（Bushman, B. J.）　70
船津　衛　44
プファイファー（Pfeiffer, S. M.）　142
ブラゼルトン（Brazelton, T. B.）　148
フリードマン（Freedman, J. L.）　180
ブリングル（Bringle, R. G.）　142
フレンチ（French, J. R. P. Jr.）　200
フロイト（Freud, S.）　76, 78

ペイク（Paik, H.）　68
ヘイリー（Haley, J.）　162
ベックネル（Becknell, J. C. Jr.）　24
ペティ（Petty, R. E.）　178
ベル（Bell, R. Q.）　146

ホール（Hall, E. T.）　50
ボーンシュテット（Bohrnstedt, G. W.）　108
ホブランド（Hovland, C. I.）　186
ホワイト（White, G. L.）　142

マ 行
マーカス（Markus, H. R.）　118
マークガーティ（McGarty, C.）　10
マクガイア（McGuire, W. J.）　170
松井　豊　140

三隅二不二　　190, 192
ミニューチン（Minuchin, S.）　158
ミューレン（Mullen, B.）　208
ミラー（Miller, A. G.）　20

森岡清美　152

ヤ　行
遊佐安一郎　164

横井優子　76
吉川美奈子　14

ラ　行
ラタネ（Latané, B.）　62
ラングロス（Langlois, J. H.）　22
ランディ（Landy, D.）　22

リアリー（Leary, M. R.）　66
リー（Lee, J. A.）　140

リチャードソン（Richardson, D. R.）　72
リビングストン（Livingston, J. S.）　198

ルイス（Lewis, M.）　96
ルービン（Levine, D. W.）　48
ルービン（Rubin, Z.）　138

レイブン（Raven, B. H.）　200
レヴィン（Levine, D. W.）　50
レヴィン（Lewin, K.）　190
レノックス（Lennox, R. D.）　82
レフコヴィッツ（Lefkowitz, M.）　16

ローゼンタール（Rosenthal, R.）　198
ローゼンバーグ（Rosenberg, S.）　8

ワ　行
ワイズバンド（Weisband, S. P.）　212
ワラック（Wallach, M. A.）　216

事項索引

ア　行

間柄の文化　120
アイデンティティ　98
甘え　112
甘え型攻撃性　64
暗黙の性格観　6

一面的説得法　184

エゴグラム　84
援助行動　60

思いやり　58

カ　行

家族危機　150
家族システム論　156
家族適応性　150

気分　32
鏡映自己　96
境界　160
共感性　58
近接の効果　24

空間行動　48

化粧　14
結晶作用　138
言語的な攻撃行動　62

攻撃行動　62
向社会的行動　58
公的受容　212
公平理論　198
子育てストレス　154
コンテクスト度　114

サ　行

ザッツ・ノット・オール技法　184

自己愛性人格障害　88
自己愛の過剰　90
自己開示　38
自己開示性　84
自己開示の次元　38
自己開示の適切さ　42
自己概念の場面依存性　102
自己謙遜バイアス　108
自己高揚バイアス　108
自己スキーマ　12
自己中心の文化　120
自己呈示　44
自己評価維持モデル　106
自己不一致理論　104
自己モニタリング　80
システマティック処理　176
視線　50
事前情報の効果　4
嫉妬　142
私的受容　214

シャーデンフロイデ　64
社会的制止　204
社会的勢力　200
社会的促進　204
社会的手抜き　206
社交不安障害　78
集団維持機能　192
集団凝集性　208
集団浅慮　214
主張的自己呈示　46
情動の2要因説　30
初頭効果　2
身体的な攻撃行動　62
身体的魅力　20

ステレオタイプ　10

勢力　164
説得的コミュニケーション　170
専制型　190

相補性の効果　28

タ　行

対人恐怖　116
対人認知　2, 8
対人不安　76
対人魅力　20
態度　170
単純接触の効果　24

中心特性　4

提携　162

敵意帰属バイアス　72
デビル審理法　212

ドア・イン・ザ・フェイス技法　180
同調圧力　210
同盟　162

ナ　行

認知の歪み　70

ハ　行

発達期待　120
反映過程　132

PM理論　190
P―O―Xモデル　130
比較過程　132
ピグマリオン効果　198
非言語的コミュニケーション　48
ヒューリスティック処理　176
表情　54

服装　16
フット・イン・ザ・ドア技法　180
文化的自己観　118

変革型リーダーシップ　196

防衛的自己呈示　44
傍観者効果　62
放任型　190

マ　行

民主型　190

目標達成機能　192
モデリング　62

ヤ　行
ヤマアラシ・ジレンマ　76

ラ　行
リスキー・シフト　216

両面的説得法　184

類似性の効果　26

連合　162

ローボール技法　182

著者略歴

榎本　博明
（えのもと　ひろあき）

1979 年　東京大学教育学部教育心理学科卒業
1983 年　東京都立大学大学院心理学専攻博士課程中退
1992 年〜93 年　カリフォルニア大学客員研究員
　　　　大阪大学大学院助教授，名城大学大学院教授等を経て
現　在　MP 人間科学研究所代表
　　　　産業能率大学兼任講師　博士（心理学）

主要著書

『「自己」の心理学──自分探しへの誘い』サイエンス社，1998
『〈私〉の心理学的探究──物語としての自己の視点から』有斐閣，1999
『〈ほんとうの自分〉のつくり方──自己物語の心理学』講談社現代新書，2002
『自己心理学 1〜6』（シリーズ共監修）金子書房，2008-09
『「上から目線」の構造』日本経済新聞出版社，2011
『「すみません」の国』日本経済新聞出版社，2012
『はじめてふれる心理学［第 2 版］』サイエンス社，2013
『「やさしさ」過剰社会』PHP 新書，2016
『はじめてふれる産業・組織心理学』サイエンス社，2019
『わかりやすいパーソナリティ心理学』サイエンス社，2020
『わかりやすい教育心理学』サイエンス社，2021

ライブラリ　心の世界を学ぶ—6
はじめてふれる人間関係の心理学

| 2018年2月10日 | ⓒ | 初　版　発　行 |
| 2021年4月10日 | | 初版第4刷発行 |

著　者　榎　本　博　明
発行者　森　平　敏　孝
印刷者　馬　場　信　幸
製本者　松　島　克　幸

発行所　株式会社　サイエンス社
〒151-0051　東京都渋谷区千駄ヶ谷1丁目3番25号
営業　☎(03)5474-8500(代)　　振替　00170-7-2387
編集　☎(03)5474-8700(代)
FAX　☎(03)5474-8900

印刷　三美印刷　　　製本　松島製本

≪検印省略≫

本書の内容を無断で複写複製することは，著作者および出版者の権利を侵害することがありますので，その場合にはあらかじめ小社あて許諾をお求めください。

ISBN978-4-7819-1416-9

PRINTED IN JAPAN

サイエンス社のホームページのご案内
http://www.saiensu.co.jp
ご意見・ご要望は
jinbun@saiensu.co.jp まで．

スタンダード社会心理学

湯川進太郎・吉田富二雄 編
A5判・312ページ・本体 2,600 円（税抜き）

本書は，社会的動物（ソーシャル・アニマル）であるわれわれ人間の心が社会といかに関わっているか，を示した社会心理学の教科書である．社会心理学の主要かつ基礎的な概念やメカニズム・理論などから，現代社会における重要な問題まで，幅広く紹介することを目指した．3部構成とし，個人内過程，他者～集団間関係，現代的問題について，それぞれ気鋭の著者陣によって執筆された．視覚的な理解のしやすさにも配慮してイラストや図解を多用し，2色刷とした．はじめて学ぶ方はもちろんのこと，通信教育などで独習される方にもおすすめの一冊となっている．

【主要目次】
第0章　社会心理学とは何か
第Ⅰ部　個　　人
第1章　自己／第2章　対人認知／第3章　社会的感情／第4章　態度変容
第Ⅱ部　他者・集団
第5章　人間関係／第6章　社会的影響／第7章　集団間関係
第Ⅲ部　現代的問題
第8章　インターネット／第9章　性／第10章　キャリア／第11章　健康

サイエンス社

パーソナリティと感情の心理学

島 義弘 編
A5 判・232 ページ・本体 2,200 円（税抜き）

本書は，パーソナリティ心理学と感情心理学という2つの領域を扱った教科・参考書です．相互に影響を与え合ってきた2つの領域について，理論や歴史，認知や動機づけ，発達，対人関係，健康・適応，といったテーマにおける重要な知見を，精力的に研究・教育活動をすすめている気鋭の著者陣がわかりやすく解説しました．初学者から，さらに広く深く学ぼうとする方まで，おすすめの一冊です．

【主要目次】
第1章　パーソナリティの理論
第2章　パーソナリティの測定
第3章　感情と認知
第4章　感情と動機づけ
第5章　発達：パーソナリティ心理学の視点から
第6章　発達：感情心理学の視点から
第7章　対人関係：パーソナリティ心理学の視点から
第8章　対人関係：感情心理学の視点から
第9章　適応・健康：パーソナリティ心理学の視点から
第10章　適応・健康：感情心理学の視点から

サイエンス社

家族の心理 第2版
家族への理解を深めるために

平木典子・中釜洋子・藤田博康・野末武義 共著
四六判・224ページ・本体1,900円（税抜き）

グローバルな規模で様々な環境が変化する中，家族も「多様化」「個人化」に向かって変化しています．それに伴って家族に関する問題が生じ，心理的支援の必要性も高まっています．入門書として定評のある本書も，そのような情勢を踏まえた研究・実践の進展を伝えるため，気鋭の著者陣が新たに加わって改訂されました．心理学を学ぶ方だけでなく，家族に関心のある方にもお薦めの一冊です．

【主要目次】
- 1章　家族とは何か
- 2章　家族の健康性とは
- 3章　家族づくりの準備
- 4章　夫婦の発達とは
- 5章　子どもが育つ場としての家族
- 6章　変化する社会の中の家族
- 7章　家族理解に役立つ臨床理論
- 8章　家族の変化に役立つ臨床的援助技法
- 9章　家族への臨床的アプローチの実際
- 10章　家族をめぐる心理学の課題と展望

サイエンス社

集団行動の心理学
ダイナミックな社会関係のなかで

本間道子 著
四六判・280 ページ・本体 1,800 円（税抜き）

われわれは，家族，学級，職場の仲間，プロジェクトチーム，会議，地域の集まり，ボランティアグループ……など，生活の中でさまざまな集団をつくり，その中で活動をしています．このような集団が個人にどのような影響を及ぼすのかということは古くから人々の関心を集め，今なお，集団心理学，あるいはグループ・ダイナミックスを中心に研究が続けられています．本書では，近年の研究成果を踏まえ，集団の定義から，形成と発達，集団内の相互作用，生産性，意思決定・合意形成，集団間関係までをやさしく解説しました．組織運営に携わる方，ビジネス・パーソンにも役立つ一冊です．

【主要目次】
1 「集団」をとらえる――基本的枠組み
2 集団の形成と発達――集団らしさの過程
3 集団内の影響過程
4 集団の生産性
5 集団の意思決定あるいは合意形成のために
6 集団間関係

サイエンス社

はじめてふれる
心 理 学
［第2版］

榎本博明 著

A5判・280ページ・本体1,850円（税抜き）

本書は，はじめてふれる方にわかりやすいと好評の，心理学入門書の改訂版です．心理学の知識を読者自身が自分や周りの他人と関連づけて理解できるよう，できるだけ身近な話題を選んで解説しています．改訂に際しては，心理学の生き生きとした魅力を伝えられるよう，初版刊行以降の新しい研究成果を盛り込みました．図版・イラストをふんだんに用いて完全見開き形式とし，視覚的にも理解しやすいよう工夫を凝らしています．2色刷．

【主要目次】
- 1章　知　　覚
- 2章　学　　習
- 3章　記　　憶
- 4章　発　　達
- 5章　青　　年
- 6章　性　　格
- 7章　自　　己
- 8章　家　　族
- 9章　心の病理と健康
- 10章　社　　会

サイエンス社